KB195630

가끔은, 비건

알고십대
08

가꿈은, 비건

7가지 키워드로
들여다보는
지구를 위한 기후 식사

정민지 글 | 민디 그림

풀빛

오늘, 뭐 먹지?

반찬 편식한다고, 밥 깨작거린다고 식탁에서 잔소리 듣는 친구들이 있나요? 성장기니까 무조건 골고루 잘 먹어야 키 큰다, 팍팍 먹어야 공부할 때 머리도 잘 돌아간다, 이런 말들이 뒤따르죠. 그렇다고 먹기 싫은 걸 억지로 한입 먹으면 저절로 인상이 팍 써지잖아요.

저는 어릴 적부터 지독한 편식쟁이라서 엄마한테 많이 혼났어요. 형광 보라색 가지는 흐물거리는 식감이 싫어서 쳐다보지도 않았고, 국에 있는 물컹한 무 조각도 골라냈죠. 생선도 가시 발라내기 귀찮아서 잘 안 먹었어요. 그것말고도 세상에 맛있는 것이 얼마나 많은데! 빨리 어른이 돼서 아무 간섭 없이 내가 먹고 싶은 것만 먹고 싶었죠.

어른이 되고 나서는 뭘 안 먹는다고 혼내는 사람도 없고, 내가 번 돈으로 맘껏 사 먹을 수 있으니 정말 좋더라고요. 좋아하는 삼겹살이나 치킨, 햄버거를 삼시 세끼 먹어도 뭐라고 할 사람도 당연히 없죠. 그래서 배달 음식을 잔뜩 시켜 야식을 즐기는 날도 많았어요. 친구들에게 크게 한턱 낸다고 집에 초대해서 육해공 메뉴를 골고루 시켜 뷔페처럼 먹기도 했고요. 특히 고기를 좋아해서 "기분이 저기압일 땐 '고기 앞'으로!", "인생은 고기서 고기!", "힘들 때 육류를 먹는 자가 일류다!"를 외쳤죠.

그런데요, 기자로 일하면서 다양한 분야의 사람을 만나고, 또 지금은 청소년 독자를 위한 책을 쓰면서 환경이나 생태, 동물 복지 같은 개념들을 알게 됐어요. 그리고 기후를 위해 할 수 있는 실천 중에 내가 삼시 세끼로 먹고 있는 걸 바꾸는 게 중요하다는 사실을 깨닫게 됐죠.

"You are what you eat."
당신이 먹는 것이 바로 당신이다.

한 번쯤 들어 본 유명한 말이죠? 평소에 뭘 먹는지를 보면 그 사람을 알 수 있다는 뜻이에요. 이 문장 앞에서 제 자

육식이 환경에 미치는 영향과 동물들이
얼마나 잔인하게 죽는지 알아갈 때 즈음...

채소를 키워 먹기 시작했다.

녹황색 채소가 포함된 자연식물식으로 건강도 챙기고,

녹황색 채소의 효능

1. 암 예방
2. 노화 방지
3. 면역력 강화
4. 비만 예방
5. 산성 식품 중화
.

직접 키워 먹는 재미에 푹 빠지니 채소 먹는 비율이 늘고, 어렵지 않게
비건지향인이 되었어! 점점 더 환경에 무해한 식단으로 가는 중이야.

신은 과연 어떤 사람일까 곰곰이 생각해 봤어요. 오로지 자기만족과 즐거움을 기준으로 먹어 왔더군요.

하지만 저와 다르게 세상엔 여러 가지 이유로 먹는 것에 대해 진지하게 생각하고, 행동으로 옮기는 사람들이 있어요. 그들은 식탁 앞에서 멈칫 고민하고 이런 질문을 던졌습니다.

"우리가 먹는 동물은 어떤 환경에서 자라고 있을까?"
"왜 어떤 동물은 먹고, 어떤 동물은 먹지 않을까?"
"이 음식은 어떤 과정을 거쳐서 내 식탁에 오르는 걸까?"
"혹시 내가 지구를 아프게 하고 있는 건 아닐까?"

이 책에서는 우리가 생각해 볼 거리들을 7가지 주제로 나누어 이야기해 보려 합니다. 이 주제들을 따라가면서 여러분들이 생각하는 힘을 기르고, 어쩌면 다른 생각을 갖게 될지도 모르겠다는 기대를 해 봐요.

혹시나 오해할까 싶어 미리 이야기하자면, 고기를 하루아침에 완전히 끊어야 한다고 말하려는 건 아니에요. 모든 사람이 하루아침에 고기를 뚝 끊고 채식하며 살아가는 상황은 상상하기 힘들잖아요.

다만, 먹거리를 통해 자신의 신념에 따라 행동하고, 지구를 위해 의식적으로 고기 섭취량을 줄이는 실천을 하고, 탄소 배출을 줄이는 쪽으로 좀 더 고민해 본다면 그것이 바로 '기후 시민'에 걸맞은 '기후 식사법'이 아닐까요?

저는 조카가 있어요. 조카들과 대화하는 것을 좋아하죠. 조카를 사랑하는 이모 입장에서 이 책을 썼어요. 답을 주는 대신, 좋은 질문을 던지는 책이 됐으면 좋겠어요. 누군가를 사랑하면 그에 대해서 더 많이 알고 싶어지잖아요. 나 자신과 동물, 지구를 사랑한다면, 이모가 준비한 7가지 이야기가 좀 더 재미있을 것 같아요.

그럼 우리, 시작해 볼까요?

차례

1장

음식으로
지구를 구하라

[기후 식사]

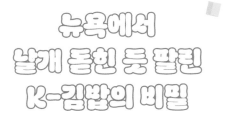

뉴욕에서 날개 돋친 듯 팔린 K-김밥의 비밀

안녕! 이모는 고기 러버로서 삼겹살도 좋아하고, 비빔국수도 좋아해. 떡볶이랑 만두, 그리고 또 뭐가 있더라. 돈가스랑…… 아, 김밥을 빼면 완전 서운하지. 간단히 한 끼 해결할 수 있는데다가 이것저것 골라 먹으면 질리지도 않고, 라면까지 같이 먹으면 맛이 더 끝내주잖아. 참치에 마요네즈 듬뿍 넣은 김밥도 좋아하고, 포근한 계란 옷을 입히면 훨씬 맛있어져.

그런데 얼마 전에 한국 김밥이 미국에서 품귀 현상을

빚고 있다는 기사를 읽게 됐어. '품귀'는 물건이나 상품을 구하기가 어려워지고 있다는 뜻인데, 미국에서 김밥이 귀한 몸이 되었다니, 정말 신기하지 않아?

자, 바쁜 너를 위해 이모가 자료를 좀 찾아봤더니 이 김밥 열풍으로 뉴욕의 대형 마트에서 출시 열흘 만에 김밥이 250만 톤이나 팔렸고, 1인당 2줄씩 구입 제한까지 붙었대. 정말 핫하지?

그런데 인기 이유가 김밥이 채식 요리이기 때문이라는 거에 이모는 더 깜짝 놀랐어. 김밥에 햄이랑 계란이 꼭 들어가지 않느냐고? 맞아. 그런데 미국 수출 검역이 까다로워서 식품 회사가 이 두 가지를 빼고 유부랑 채소로 속을 채웠대. 그랬더니 채식하는 뉴요커들 사이에서 SNS를 타고 입소문이 퍼진 거지. 저렴하고, 맛있고, 건강한 재료가 들어간 간편식 한 끼로 K-김밥만 한 게 없다는 거야.※

그런데 말이야, 이 대목에서 문득 궁금증이 일지 않아? 햄버거와 바비큐를 즐기는 미국 사람들 중에 채식하는 사람들이 그렇게나 많다니 말이야. 미국은 인구의 7~10퍼센트 정도가 채식을 하고 있어. 한 조사를 보니 미국 응답자

※ KOTRA(대한무역투자진흥공사), 뉴욕 무역관 자료(2023년 9월).

요즘 김밥이 미국에서 유행이 라는데 어떻게 된 일이야?

Nope

미국은 수출 검역이 까다로워서 처음엔 햄과 계란을 빼고 수출을 했어.

근데 이게 저렴하고 맛있고 건강한 간편식 한끼로 미국인들에게 입소문을 탄 거야!

I Love K-김밥

그래서 인기 있는 거였구나. 나도 김밥 좋아하는데!!

나도 다음엔 비건 옵션으로 먹어 보려고!

VEGAN

의 56퍼센트가 새해 계획으로 '고기 섭취 줄이기'를 목표로 세운다고 해. 고기와 버터를 많이 먹을 것 같은 미국 시민들이 이렇게나 채식에 관심이 많다고 하니 신기하지? 우리나라와 사뭇 다른 분위기를 느낄 수 있어.

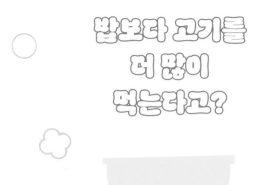

밥보다 고기를
더 많이
먹는다고?

우리는 고기 먹는 걸 상당히 즐기고, 고생한 나 자신에게 주는 보상처럼 여기기도 하지. 시험이 끝나면 맛집을 찾아가서 먹는 것이 하나의 작은 행복이잖아. 생각해 보면 우리는 이런저런 이유를 만들어서라도 고기 먹는 것에 의미를 부여하는 것 같아. 그래서일까, 지금 우리는 쌀밥보다도 고기를 더 많이 먹고 있어. 어리둥절한 표정이네? "우리 집 식탁은 안 그래요!"라고 외치는 소리가 어디서 들리는 것도 같고 말이야.

자료를 찾아보면 이모 말이 거짓말이 아니라는 걸 알 수 있을 거야. 2022년에 우리나라 국민의 1인당 육류(소·돼지·닭고기) 소비량은 59.8킬로그램이고, 쌀 소비량은 56.4킬로그램이었어. 처음으로 쌀보다 고기 소비가 더 많았지. 유독 그해에만 그랬을까? 아니야. 바로 1년 뒤인 2023년에는 고기 소비가 1.3퍼센트 더 늘어서 60.6킬로그램이나 됐어.✲

1980년에 1인당 육류 소비량은 11.3킬로그램이었는데, 약 40년 만에 5배 가까이 늘어난 거야. 우리 밥상의 변화 속도가 엄청난 거지. 앞으로 특별한 일이 없는 한 고기 소비는 더 늘어날 거야. 한국인은 '밥심'으로 산다는 말이 이젠 바뀌어야 할 때인 것 같아. 쌀보다 고기를 더 많이 먹는 사회, 우리 조상님들은 과연 이런 날이 올 거라고 상상이나 했을까?

우리나라만 그런 건 아니야. 세계적으로 봐도 고기 소비가 늘고 있어. 소고기, 돼지고기, 닭고기 소비는 1960년대보다 거의 2배가 늘었고, 지금 이 증가 속도라면 2050년이면 또 그것의 2배가 될 전망이야.

✲　한국농촌경제연구원 자료.

고기 소비가 짧은 기간에 빠르게 늘어난 이유는 여러 가지가 있어. 경제가 발전하고 산업화가 진행되면서 고기 수요가 폭발적으로 늘었고, 더 많은 공급이 가능해지면서 고기의 가격이 저렴해진 것도 소비가 촉진된 이유야.

우리는 그냥 좋아하는 음식을 먹었을 뿐인 것 같지만, 사실 식습관은 사회 분위기나 문화에도 크게 영향을 받아. 우리가 고기를 많이 먹게 된 데에는 언제부턴가 '단백질 신화'가 자리 잡고 있어서이기도 해.

우리가 살아가는 데 몸에 꼭 필요한 3대 영양소가 탄수화물, 단백질, 지방이거든. 그런데 요즘 건강을 나름 챙긴다고 하는 사람들의 모습을 보면, 탄수화물을 살만 찌는 문제아처럼 표현하면서 단백질은 무조건 건강에 좋고 많이 먹을수록 좋다고 하는 것 같아. 그것이 '단백질=고기'라는 생각으로 이어지는 거지. 특히 성장기인 청소년들은 골고루 먹고, 특히 고기를 많이 먹어야 한다는 말을 많이 하잖아.

하지만 꼭 그렇지만은 않아. 소나 돼지 같은 동물의 고기에만 단백질이 있는 게 아니라 식물성 식품에도 많이 들어 있거든. 지금처럼 지나친 동물성 위주의 단백질 섭취는 건강에 좋지 않다는 것이 의학계의 일반적인 입장이야. 세계보건기구가 소고기, 돼지고기, 양고기 같은 적색육(붉은 빛이 나는 고기)을 2A군 발암 물질[*]로 지정했을 정도니까. 과도한 육식이 건강에 문제가 되고 있는 시대라는 거지.

[*] 세계보건기구(WHO)는 발암 물질 분류를 1군(발암성 입증된 물질), 2A군(발암 가능 물질), 2B군(발암 가능 물질 중 관련 연구 부족한 물질), 3군(발암 가능성 없음)으로 나눈다.

온실가스
줄이는
'기후 식사'란?

"지구에서 모든 사람이 한국인처럼 먹는다면 2050년에는 지구가 2.3개 필요하다!"

2020년, 노르웨이 비영리 단체 EAT가 〈더 나은 미래를 위한 식습관〉이란 제목의 보고서를 발표했어. 주요 국가들의 식습관과 기후 변화 영향을 분석한 내용이었지. 이 보고서를 살펴보면 인도와 인도네시아를 제외한 대부분의 주요 국가들이 '지속가능할 수 없는 음식 소비'를 하고 있는 것으로 나타났어.

한 국가의 평균 음식 소비를 전 세계로
확대했을 때 필요한 지구의 개수

식량으로 인한 지구 위험 한계선

2050년 전망

인도	0.84
인도네시아	0.90
중국	1.77
일본	1.86
사우디아라비아	2.08
튀르키예	2.11
한국	2.30
남아프리카	2.94
멕시코	3.03
독일	3.36
러시아	3.42
EU28	3.52
영국	3.98
캐나다	4.50
이탈리아	5.64
프랑스	5.02
브라질	5.21
미국	5.55
호주	6.83
아르헨티나	7.42

자료: 노르웨이 비영리 단체 EAT

우리나라 사람들의 육류 소비량은 무려 적정량의 3배였어.[*] 이미 우리나라의 1인당 음식 소비로 인한 온실가스 배출량은 지구가 감당할 수 있는 한계를 넘어선 거지. 지금처럼 육류 소비량이 계속 늘어난다면, 2050년이 돼서는 해당 분량의 음식을 생산하려면 지금의 지구로는 감당할 수 없을 거야. 지구가 여러 개가 아닌 이상, 우리는 지금 당장 식습관을 바꿔야 한다는 결론이지.

먹을거리들은 우리의 식탁에 오기까지 많든 적든 온실가스를 배출해. 기후변화행동연구소의 조사에 따르면, 온실가스 배출이 가장 많은 한식 메뉴는 설렁탕이었어. 곰탕, 소고기, 갈비탕도 온실가스 배출이 꽤 많았고. 좀 놀랍지 않아? 이모는 처음에 이 조사 내용을 보고 얼마나 놀랐는지 몰라. 설렁탕 한 그릇을 생산하기까지 뿜어 대는 온실가스 양이 자동차를 타고 40킬로미터 이상 이동할 때 배출하는 양과 맞먹는다고 해.

고작 설렁탕 한 그릇이 왜 이렇게나 많은 온실가스를 배출하는 걸까? 그 이야기를 잠시 들려줄게. 멀리서 온 식재료가 있으면 탄소 배출량이 많고, 가까운 거리에서 생산

[*] '"한국처럼 먹으면 지구 못 버틴다" 환경단체 식습관 분석 결과', 〈연합뉴스〉(2020년 7월 16일).

되어 유통된 식재료들은 탄소 배출량이 상대적으로 적어. 식재료의 이동 거리가 길어질수록 화석 연료를 사용하는 이동 수단을 많이 활용하게 되고, 그럼 결국 지구 온난화의 주범인 탄소를 많이 배출하게 되니까.

설렁탕에 사용되는 주요 식재료인 고기는 국내가 아니라 호주, 뉴질랜드, 미국 같은 머나먼 나라에서 바다를 건너 수입해 온 거라서 식탁에 오르기까지 그 운송 과정에서 온실가스가 다량 배출될 수밖에 없어. 오늘 아침 또는 점심에 내가 먹은 한 그릇의 국이 이렇게나 위험하다니, 좀 무섭지 않니?

우리나라의 경우엔 신생아 출생률이 점점 줄어들어 많은 걱정을 하고 있지만, 전 세계의 인구는 증가 추세가 좀 느려졌을 뿐 여전히 증가하고 있어. 21세기 안에 100억 명에 다다를 거라고 해. 그렇게 되면 더 많은 온실가스가 지구를 뜨겁게 할 테고, 자원은 지금보다 더 부족해질 거야. 이런 비극을 막기 위해, 즉 온실가스 배출을 최소화해서 지구를 덜 아프게 하는 방법의 하나로 '식단을 바꾸자'는 움직임이 생겨나고 있어. 최근엔 이러한 식단을 '기후 식사'라고 부르기도 해. 기후 식사는 환경에 안 좋은 영향을 최대한 줄인 식단이어야 하고, 물론 사람에게도 건강한 것이어야 하겠지.

기후 식사를 하려면 고기 섭취는 지금보다 절반으로 줄일 필요가 있어. 그렇다고 과일과 채소가 무조건 지구를 위한 식단으로 좋다는 건 또 아니야. 바다 건너 먼 나라에서 배나 비행기로 실어 와 우리의 식탁까지 오르는 수입 과일이나 채소는 탄소 배출량이 매우 높아. 그래서 유기농 작물 재배, 소비되는 곳과 가까운 거리의 지역에서 생산되는 식재료를 소비하는 것이 탄소 배출을 줄이는 기후 식사법이라고 할 수 있어. 반경 50킬로미터 이내에서 나고 자란 농산물을 우선적으로 소비하자는 게 '로컬 푸드 운동'인데, 가까운 곳에서 생산된 식재료들로 식사를 하면 유통 거리가 짧아지니까 탄소 배출을 효과 있게 줄일 수 있지.

전기차보다 채식이 더 낫다고?

이미 지금, 기후 위기의 시대야. 우리는 먹고, 자고, 입고, 생활하는 모든 과정에서 탄소를 줄이는 노력을 해야만 해. 일회용 플라스틱 컵 대신 텀블러를 사용하고, 재활용품을 분리배출하고, 자동차를 타는 대신 자전거를 타도록 권장하는 것도 지구 온난화와 환경오염을 최대한 줄이기 위해서야.

최근엔 탄소 배출을 줄이기 위해 전기자동차나 하이브리드 기능이 있는 자동차를 타는 사람들이 많아. 거리를 걷다 보면 예전보다 확실히 많아진 걸 눈으로 확인할 수 있지. 우리나라는 보조금까지 줘 가면서 전기차를 사도록 유도하고 있어. 그런데 말이야, 환경 전문가들은 전기차로 바꾸는 것보다 더 효과적인 게 바로, 우리가 먹는 식단을 바꾸는 거라고 말해.

이유는 탄소 배출량에 있어. 비행기, 자동차, 기차, 선박 등 모든 교통수단에서 나오는 탄소 배출량은 전체 탄소 배출량의 13.5퍼센트 정도야. 근데 축산업으로 인한 탄소 배출량은 그보다 더 많은 18퍼센트나 차지하고 있어.* 우리의 식단, 정확히는 지나치게 고기를 많이 먹는 식단이 환경오염과 지구 온난화의 '숨은 주범'인 거지. 만약 전 세계 모든 사람이 식물성 식단으로 바꾼다면 해마다 80억 톤 정도의 온실가스를 획기적으로 줄일 수 있을 거라는 계산이 나와.

기후 식사가 무엇을 말하는지 알고 보니 어렵지 않지? 동네에 맛집도 다양하고, 배달 앱에서 인기 있는 새로운 메뉴들도 먹어 보고 싶겠지만, 기후 식사의 기준으로 생각

---

* 유엔 식량농업기구(FAO)가 2006년에 발표한 〈축산업의 긴 그림자〉 보고서는 교통수단의 탄소 배출량이 과소평가되었다는 일부 지적을 받기도 했지만, 축산업의 탄소 배출 심각성을 국제적으로 알리는 계기가 되었다.

해 보면 이 모두가 탄소 배출을 추가하는 식사들이잖아. 매일은 어렵겠지만 일주일에 하루 정도는 기후 식사에 어울리는 메뉴를 가족이나 친구들과 미리 상의해 보는 건 어때? 음식이 우리 식탁에 오르기까지 배출되었을 탄소를 상상해 따져 보는 것, 이 모든 노력이 점점 뜨거워지는 지구를 구할 '기후 시민의 식탁 에티켓'일 거야.

2장

어서 와,
고기 없는 하루는
처음이지?

[비건]

간디와 히틀러의 유일한 공통점은?

육류 섭취를 끊고 채식을 해야 한다는 주장은 생각보다 역사가 깊어. 고대 철학자 소크라테스는 채식을 옹호한 것으로 유명해. 한번은 소크라테스에게 제자가 물었어.

"정의로운 도시 국가의 시민은 무엇을 먹어야 하나요?"

소크라테스는 채식을 해야 한다고 대답했어. 왜냐하면 사람들이 동물을 먹으면 그 동물을 키울 땅과 작물을 재배할 땅이 많이 필요하게 되고, 넓은 땅을 차지하기 위해 옆 나라를 침략해야 하고, 그것이 바로 전쟁의 시작이 된다는 이유였지.※ 그 외에도 피타고라스, 레오나르도 다빈치, 아인슈타인, 톨스토이 등 역사적으로 유명한 인물들이 일상에서 육식을 멀리하고 채식을 실천했대.

인도의 독립에 앞장섰던 비폭력 평화주의자 마하트마 간디는 인도인이 영국인에게 착취당하듯 동물 또한 인간에게 착취당하고 있다는 것을 깨닫고 육식을 그만뒀어. 이후 간디는 평화로운 사회를 만들기 위해서는 인간에 대한 폭력뿐 아니라 동물에 대한 폭력도 사라져야 한다고 주장하면서 동물 보호 운동에도 큰 영향을 미쳤지.

반면에 인류 최악의 독재자라 불리는 아돌프 히틀러도 육식을 멀리하고 채식을 했다고 알려져 있어. 그의 식탁에는 물, 수프, 채소, 달걀이 전부였다는 1937년의 〈뉴욕 타임스〉 기사도 유명하지. 하지만 당시 독일 언론에서 독재자의 이미지를 희석시키고 긍정적인 이미지를 퍼뜨리기 위해 히틀러의 채식 습관을 부풀려서 일부러 평화주의자 느낌을 심어 주려 했다는 이야기도 있어.

우리 주변 사람들의 이야기를 들어보면 모든 사람이 채식을 찬성하는 건 아니야. 의외로 채식에 반감을 가진 사

※ 《채식하는 이유》, 황윤 외 공저, 나무를심는사람들.

람들도 많은 것 같아. 이모가 아는 어떤 사람은 "왜 그렇게 까다롭게 살아야 하는데?"라고 하거나, "내 마음대로 먹고 살겠다는데 건드리지 마"라고 퉁명스럽게 말하더라고. 또 다른 내 친구는 "그럼 도대체 뭘 먹고 사냐!"라고 짜증을 내기도 하고 말이야. 어른들 중에는 "사람은 고기를 먹어야 힘을 쓴다"며 혀를 쯧쯧 차는 분들이 있기도 해.

실제로 채식을 선언한 사람들의 경험담을 물어보면 안 좋게 보면서 눈을 흘기는 시선 때문에 움츠러든다는 고백도 많아. 물론 채식이 무조건 옳고, 채식한다고 무조건 선량하고, 좋은 사람이진 않을 거야. 반대로, 채식한다고 까탈스럽거나 유난스러운 사람도 아니야.

혹시 너는 좋은 쪽이든 나쁜 쪽이든, 마음속에 채식에 대해 오해나 편견을 갖고 있지는 않니?

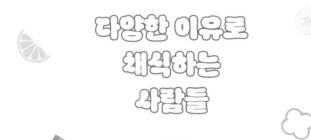

다양한 이유로 채식하는 사람들

그 맛있는 고기를 안 먹겠다고 결심한 사람들의 이유는 뭘까? 이모가 찾아보니까 전 세계에는 여러 가지 이유로 고기를 멀리하는 사람들이 있더라고.

우선 종교적인 이유로 채식하는 사람들이 있어. 어떤 종교냐면…… 혹시 불교가 아니냐고? 이모도 사찰 음식 전문점에 가서 산채비빔밥을 먹어 본 적이 있긴 해. 그런데 불교는 스님들이 채식하지, 일반 신자들도 반드시 채식해야 하는 건 아니야.

그럼 이슬람교냐고? 할랄 푸드를 아는 모양이구나. 할랄 푸드는 돼지고기를 금지하는 거지, 이슬람 율법에 따라 도축한 소와 닭, 양고기는 먹으니까 정답과는 거리가 좀 멀어.

힌트를 좀 줄게. 인도 하면 생각나는 종교. 그래, 맞아. 힌두교야. 힌두교는 소를 신성시해서 소고기를 입에 대지 않아. 소고기만 안 먹는 게 아니라 살생을 금지하는 교리를 지켜서 힌두교 신자의 3분의 1 정도는 채식을 하고 있어. 그 영향으로 인도는 채식 인구 비율이 30~40퍼센트나 되지.⁂

다음으로, 건강이나 체질적인 이유로 채식하는 사람들도 은근히 많아. 앞서 말했듯이 우리의 식탁에 육식 비율이 높아지면서 각종 성인병이 늘고 있고, 비만이 문제가 되고 있거든. 그들은 건강을 위해, 다이어트를 해야 해서 고기를 끊은 사람들이지.

체질적으로 육식이 맞지 않는 사람들도 있어. 아토피나 위장염, 소화불량 같은 불편함이 채식을 하면서 완화되는 효과를 경험한 이후로 채식 식단을 선택한 거지. 배우 임

⁂ 글로벌 시장 조사 기관 스태티스타(Statista)에서 발표한 국가별 채식 인구 비율(2022년)을 보면 스위스 15퍼센트, 중국 10퍼센트, 미국 9퍼센트, 영국 9퍼센트, 프랑스 6퍼센트다.

수정 씨도 알레르기 검사에서 동물성 단백질이 몸에 맞지 않는다는 결과를 듣고 나서부터 채식을 시작했대.

자, 지금부터는 우리가 주목해서 볼 이유인데, 기후 변화 세상 속에서 당장 실천할 수 있는 것을 해야 한다는 고민 끝에 채식을 선택한 사람들이야. 최근 몇 년 사이에 환경 문제 때문에 채식하는 사람들이 많아졌어. 그 마음속에는 기후 위기의 심각성을 이해하고, 지금 당장 나부터 실천하지 않으면 안 된다는 절박함이 깔려 있지.

젊은 세대를 중심으로 동물들을 사랑하다 보니 동물권을 고민하게 되면서부터 육식을 끊은 사람도 많아지고 있어. 강아지나 고양이를 키우는 사람들이 늘어났잖아? 그들에게 동물은 인간 친구보다 더 내 마음을 위로해 주는 다정한 존재들이야. 그렇다 보니 소나 돼지, 닭도 다 같은 생명인데 잡아먹는다는 것에 불편함을 느끼고, 그들도 인간과 동등한 생명을 가진 존재란 생각에 이르면서 결국엔 육식을 끊는 거지.

이처럼 문화, 종교, 체질 등 다양한 이유가 있지만, 식탁에서 고기를 배제하는 사람들이 늘어나고 있는 건 세계적인 추세야. 요식업 사업가인 백종원 씨가 해외에서 식당을 여는 예능 프로그램을 본 적이 있어. 채식 메뉴를 찾는 손님들이 오자 처음엔 잠깐 당황하다가 고기를 두부로 바꿔서 요리를 하더라고. 그러면서 옆의 출연자에게 "외국엔 채식하는 사람들이 많아서 대부분의 식당에서는 한두 가지라도 채식 메뉴를 준비해 둔다"라고 알려줬어.

국내 채식 인구는 2008년엔 15만 명에 불과했는데 2022년에 다시 조사해 보니까 그사이 200만 명까지 늘었다는 조사 결과도 있더라고. 완벽하게 육식을 끊은 사람뿐 아니라 채식에 도전하는 사람까지 포함한 조사 결과지만, 어쨌든 확실히 늘고 있는 건 맞아.✽ 이모 주변에도 두 친구가 완벽하게는 아니더라도, 채식 위주로 식단을 바꾸려고 노력하고 있어.

✽   한국채식연합 조사.

비건과 비거니즘, 그리고 비건 지향

10년 전만 해도 채식주의자를 뜻하는 베지테리언(Vegetarian)이라는 말이 채식을 대표하는 말로 주로 쓰였어. 그런데 요즘은 채식주의자라는 말 대신에 '비건'이라는 단어를 더 많이 쓰고 있어.

비건(Vegan)은 1944년 영국에서 만들어진 비건협회의 공동설립자인 도널드 왓슨이 채식주의자 중에서도 유제품까지 먹지 않는 사람들을 일컬으며 처음 사용한 단어야. 베지테리언(vegetarian)의 첫 세 글자 'veg'와 마지막 두 글자

'an'을 조합해서 만들었지. 우리가 비건이라고 하면 채식주의를 뜻하는 베지테리언 중에서도 가장 엄격한 완전 채식주의자로서 육류, 생선, 달걀, 유제품은 물론 꿀을 포함한 모든 동물성 식품을 먹지 않는 사람을 말해. 그럼 그들은 무엇을 먹냐고? 그 대신에 채소, 과일, 해초, 곡식, 버섯 같은 걸 먹지.

며칠 전에 이모가 마트에 갔는데 '비건 마요네즈'가 판매대에서 눈길을 끌었어. "동물성 없이 100퍼센트 비건 원료만을 엄선했습니다!"라고 굵은 글씨체로 적혀 있더라고. 제품 앞에 '비건'이 붙으면 동물성 재료가 들어 있지 않다는 의미야. 마요네즈에는 고기가 안 들어가는데 무슨 동물성 재료냐고? 아니, 마요네즈에는 원래 계란이 들어가. 비건 마요네즈는 동물성 재료인 계란 대신에 식물성 원료인 콩(두유)을 넣어서 고소한 맛을 낸대. 콜레스테롤이 없고 칼로리도 낮아서 바로 카트에 넣었지.

그럼 비건은 알겠는데, '비거니즘'은 뭐냐고? 비건이란 단어에다가 사상, 신념을 뜻하는 접미사 '-ism'을 붙인 비거니즘(Veganism)은 비건의 철학과 삶의 방식을 의미해. 먹는 것뿐만 아니라 생활 전반에 걸쳐 동물을 해치는 일체의 것을 반대하고 거부하는 삶의 방식이라고 이해하면 될 것 같아. 생활 전반에 걸쳐 '인간은 동물을 착취하지 않는 삶을 살아야 한다'는 원칙을 갖고 일상생활에서 사용하는 옷, 화장품, 의약품 중에 동물성 제품을 모두 거부하지.

옷에서 동물성 제품이 뭐가 있을까? 모피 코트, 양모 스웨터, 오리털 패딩 같은 게 있겠지. 아, 부드러운 실크도 동물성 소재야. 누에의 침샘에서 나오는 섬유로 실크를 만들거든. 동물 추출 태반이나 콜라겐을 사용한 화장품, 달걀에서 배양한 독감 백신, 토끼나 쥐를 이용한 동물 실험 개발품도 다 비건의 철학으로 거부하는 것들이야.

화장품에 관심 있는 친구라면, '비건 화장품'은 들어봤을 거야. 동물성 원료를 사용하지 않고, 동물 실험을 하지 않았다는 것을 인증한 화장품이라는 뜻이야. 비건 화장품에는 동물성 원료에 해당하는 꿀 성분도 쓰지 않아.

엄격한 채식을 실천하는 비건 말고도 채식은 여러 단계로 나뉘어. 베지테리언 앞에 붙은 단어를 보면 동물성 식품을 어느 정도까지 제한하고 있는지를 알 수 있지. 참고로 한번 알아볼까?

'락토(lacto)'는 우유를 뜻하는 단어로, 락토 베지테리언은 우유와 우유를 원료로 만든 유제품(치즈, 요구르트 등)은 먹는 채식주의자를 뜻해. 알을 뜻하는 '오보(ovo)'라는 단어가 앞에 붙은 오보 베지테리언은 달걀을 먹지. 그럼 락토 오보 베지테리언은 뭘까? 우유, 유제품과 계란까지 섭취하는 사람들이야. 이탈리아어로 생선을 뜻하는 '페스코(pesco)'가 붙은 페스코 베지테리언은 우유와 달걀에다가 생선까지 먹는다는 거지. 스페인어로 조류를 뜻하는 '폴로(pollo)'가 붙은 폴로 베지테리언은 우유, 달걀, 생선에다 닭고기까지 먹어. 처음 보는 단어가 막 나오니까 복잡하지? 아래의 표를 보면 이해가 쉬울 거야.

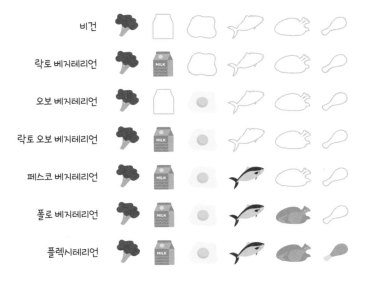

표의 맨 아래에 있는 플렉시테리언은 유연하다는 뜻의 '플렉시블(flexible)'과 베지테리언의 합성어인데, 육식을 되도록 피하고 점점 식물성 식품을 먹는 걸 목표로 삼고 있어. 이를 우리말로 하면 '비건 지향'이라고 해. 비건 지향인과 플렉시테리언은 '불완전한 채식'이란 뜻으로, 둘 다 같은 의미야.

'지향하다'의 의미는 어떠한 목표로 일정하게 나아간다는 거잖아. 한 텔레비전 예능 프로그램에 나온 방송인 안현모 씨가 "전 완벽한 비건은 아니고요, 비건 지향이에요"라고 말했어. 안현모 씨는 소, 돼지 같은 척추동물은 안 먹는다는 기준을 세워서 실천하고 있대.

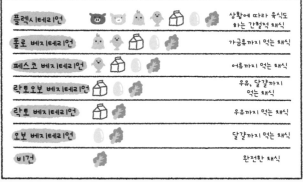

플렉시테리언	상황에 따라 육식도 하는 간헐적 채식
폴로 베지테리언	가금류까지 먹는 채식
페스코 베지테리언	어류까지 먹는 채식
락토오보 베지테리언	우유, 달걀까지 먹는 채식
락토 베지테리언	우유까지 먹는 채식
오보 베지테리언	달걀까지 먹는 채식
비건	완전한 채식

완벽하지 않아도 좋았다는 게 더 중요해.
그리고 내가 직접 해 본 채식이 쉬워지는 방법도 소개할게~

퐁당퐁당 채식   **주 1회 채식**   **하루 한 끼 채식**

MTWTFSS   MTWTFSS   아침 점심 저녁

하루 걸러 하루 채식   채식 데이   잡식 식단   채식 식단

엄격한 채식 대신 '고기 없는 월요일'

하루아침에 고기를 뚝 끊는다는 건 정말 어려운 일이
야. 무엇보다 고기는 한번 맛을 알면 단번에 끊기가 쉽지
않은 식재료잖아. 다양한 음식 재료로도 활용되고 말이야.
그리고 급식을 먹는 학생들 입장에서 생각해 보면, 고기반
찬을 먹지 않으면 어떤 날은 맨밥에 나물 반찬만 먹게 될
수도 있는데, 참 곤란한 일이지. 친구들이랑 맛집에 갈 때
도 나만 고기를 안 먹겠다고 하면 메뉴를 고를 때 얼마나
난처하겠어?

그래서 현실적으로 고기를 뚝 끊는 게 어려우니까 '서서히 줄여 나가자(축소)'는 주장이 힘을 얻고 있어. '축소주의'는 영국에서부터 시작됐는데, 고기, 해산물, 유제품 등 동물성 식품을 적게 먹는 운동이야.

축소주의는 1명의 완벽한 채식주의자보다 10명의 축소주의자가 환경에 미치는 긍정적인 영향이 더 크다고 믿어. 즉, 일관되게 극단적으로 환경을 생각하는 생활을 소수가 하는 것보다, 비일관된 친환경 생활을 다수가 실천하는 게 더 낫다는 생각이야. 사실, 일상생활에서 완벽하고 일관되게 채식하는 것이 어렵기도 하고. 그래서 개인마다 자기만의 규칙과 기준을 정해 놓고 작은 실천을 하자고 권하지. 완벽하게 비건을 선택하는 것보다, 좀 더 유연하게 시도해 보면 스트레스도 덜 받을 테고 말이야.

비건을 좀 더 가볍게 시작할 수 있는 다양한 아이디어들도 많으니 참고할 수 있게 몇 가지 알려 줄게.

1월에 채식을 시도하라!

1월 한 달간 채식에 도전하는 것을 '비거뉴어리'라고 해. 비건(vegan)과 1월을 뜻하는 재뉴어리(January)의 합성어야. 1월이 새로운 해를 시작하는 첫 달인 만큼 가벼운 마음으로 한 달 동안 채식을 해 보자는 취지야. 이 캠페인은 2014년에 영국의 한 단체가 시작했는데, 2024년에는 전 세계에서 2500만 명의 사람들이 참여해 채식을 시도해 봤다고 해.

일주일 중 하루 채식하자!

2005년 노벨평화상 수상자 라젠드라 파차우리 박사는 일주일에 하루만 채식으로 바꿔도 온실가스 배출량을 25분의 1로 줄일 수 있다고 주장했어. 영국에서는 전 국민이 일주일 중 하루 고기를 안 먹으면 자동차 500만 대가 운전을 하지 않는 효과가 있다고 홍보하는데, 한 사람이 완전히 채식하는 것보다 최대한 많은 사람이 하루라도 채식에 동참하는 게 훨씬 효과가 크다는 거야.

아침과 점심을 채식하자!

미국의 유명한 소설가 조너선 사프란 포어는 아침과 점심에 고기를 먹지 말자고 주장했어. 세끼 중 한 끼만 고기를 먹는 거니까 약 66.7퍼센트 비건이라고 할 수 있겠지. 학교에 다니는 청소년이라면 급식을 먹는 점심식사는 빼고, 아침과 저녁식사를 채식으로 먹는 방법도 있겠네.

월요일에 채식하라!

2009년에 비틀스 멤버 폴 매카트니가 영국에서 '고기 없는 월요일(Meat Free Monday)' 캠페인을 시작했는데, 전 세계의 많은 사람이 동참했어. 월요일을 택한 이유는, 한 주를 새롭게 시작하는 날이라서 주말의 느슨함을 떨쳐내기에 좋고, 월요일에 실행한 습관은 주말까지 유지하기 쉽다는 연구 결과 때문이래.

채식을 실천하는 횟수가 적어도 환경에 미칠 영향을 생각하면 절대 미미하지 않아. 나에게 맞고 실천 가능해 보이는 건 뭐야? 토요일이나 일요일엔 한 번쯤 시도해 볼 수 있지 않을까?

이모는 요즘 일주일 중의 하루는 고기를 먹지 않는 식단에 도전하고 있어. 약속 때문에 실패할 때도 있지만, 이거 은근 성취감도 있고 오늘 하루는 지구에 무해한 하루를 보냈다는 뿌듯함이 있더라고. 우리 모두 단번에 고기를 뚝 끊을 수는 없겠지. 그래도 고기를 조금 덜 먹으려는 노력은 해 볼 수 있지 않을까? 혼자 하는 게 어렵다면 가족과 함께, 또는 친구와 함께 챌린지 형식으로 동참하는 것도 좋을 것 같아.

3장

환경 파괴의
주범이라니!

[소고기]

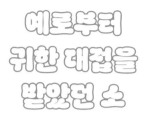

예로부터
귀한 대접을
받았던 소

농업으로 먹고살았던 조선 시대까지 소는 농사에 있어 중요한 가축이었어. 소 1마리가 사람 10명 몫의 일을 했으니까 말이야. 성격도 순둥이라 사람 말을 잘 들어서 농사일에 다루기 편했지.

하지만 이렇게 중요하고 꼭 필요한 소인데도 잡아서 고기로 먹는 일이 엄청 많았대. 조선시대 때의 기록들을 보면, 왕과 양반 사대부는 물론이고 백성들까지 소고기로 잔치를 벌였어. 나라에서 소를 잡지 말라는 '우금령'을 내려도 억지로 소를 도축할 이유를 만들어 냈대. 소의 다리가 부러졌다, 늙어서 농사일에 못 쓴다 등등 억지 핑계를 대며 기어이 잡아서 온 동네 사람들과 나눠 먹었다고 하니, 우리나라 사람들의 '소고기 사랑'이 얼마나 뿌리 깊은지 알겠지?*

지금은 어때? 아무 날이 아니어도 소고기를 자주, 그리고 많이 먹지. 그냥 구워 먹는 것뿐 아니라 메뉴도 상당히 다양해. 불고기, 갈비찜도 있고, 소 내장이나 뼈를 이용해 국이나 탕을 끓여 먹는 조리법도 있잖아. 우리가 좋아하는 라면에도 스프를 제조할 때 소고기 육수가 들어가지.

2023년 기준으로, 국민 1인당 연간 평균 14.8킬로그램 정도의 소고기를 먹어. 2008년엔 1인당 연간 소고기 소비량이 8.3킬로그램 수준이었거든. 15년 사이에 소고기 소비가 2배 가까이 늘었다는 게 신기하지? 내가 소고기를 이렇게 많이 먹고 있나 싶고.

하지만 관심을 갖고 주위를 둘러보니까 우리가 먹는 것 중에 소고기가 들어간 줄 모르고 먹었던 것들이 많더라고. 편의점에서 이모의 최애 과자인 꼬북칩 콘스프맛을 집

---

* 《조선, 소고기 맛에 빠지다》, 김동진, 위즈덤하우스.

어 들다가 문득 궁금해 포장지 뒷면의 성분 표시를 봤더니 '소고기 함유'라고 적혀 있어서 정말 놀랐어. 에이스 크래커 같은 다른 과자들에도, 조미료에도 소고기 성분이 들어간 게 생각보다 많더라고.

우리나라에서만 소고기 소비가 늘고 있는 건 아니야. 지구상에는 소 15억 마리가 가축용으로 키워지고 있어. 그중에서 매일 소 80만 마리가 도축되어 고깃덩어리가 되고 있지. 그런데 말이야, 이렇게 사람들이 소고기를 좋아하고 많이 먹는 것이 갈수록 눈덩이처럼 문제를 키우더니, 이젠 소가 지구 환경을 망치는 '주범'으로 지목받는 지경이 되고 있어! 그 이야기를 지금부터 들려줄게.

아마존에서 떨어진 비극

'아마존' 알지? 글로벌 쇼핑 사이트 아마존 말고! 아마존강은 길이가 6679킬로미터로, 전 세계에서 두 번째로 긴 하천이야. 아마존 유역의 면적은 705만 제곱킬로미터이고 대부분 열대우림으로 덮여 있어. 이 열대우림이 지구에서 만들어지는 산소의 5분의 1을 생산하기 때문에 '지구의 허파'라고 불리기도 해. 아마존 일대의 울창한 숲들이 지구에서 배출되는 이산화탄소의 25퍼센트를 흡수해서 지구 온난화를 막는 데 큰 역할을 담당하고 있지.

2019년 8월 15일부터 22일까지 MODIS가 촬영한 위성 사진. 화재 위치를 주황색으로 표시(사진 출처: NASA).

그런데 2019년 8월, 아마존 일대에 큰 불이 났어. 잠깐 났다가 꺼진 게 아니라, 여기저기에서 계속 불이 번졌지. 8개월 동안 자그마치 8만 건이 넘는 화재가 났어. 화마가 쓸고 간 자리마다 푸른 열대우림이 모조리 시커먼 잿더미로 변했지. 사진은 2019년 8월 15일부터 22일까지 일어난 주요 화재를 표시한 거야. 주황색이 화재 구간이지.

그런데 이 불이 왜 났는지 알아봤더니, '소'랑 관련이 있었지 뭐야. 화재랑 소가 도대체 무슨 상관이냐고? 브라질은 세계 최대의 소고기 수출국이야. 소를 키워 파는 게 큰돈이 되지. 육류 소비가 세계적으로 증가하자 브라질 농민들은 원래 숲이었던 곳을 소를 기르기 위한 목축지로 바꾸고 싶어 해. 또는 소의 사료로 쓸 콩과 옥수수를 키우는 경작지로 바꾸고 싶어 하지.

하지만 열대우림을 목축지나 경작지로 바꾸는 건 불법이야. 그런데도 농민들은 돈을 벌기 위해 그 땅에 소를 키우는 농장을 지으려고 일부러 불을 지르는 거야. 아마존 일대의 열대우림 지역에 소 키울 방목지를 만들고 소에게 먹일 작물을 기르기 위해 일부러 낸 불이 이 대형 화재의 시작이라니… 한편으론 놀랍고, 다른 한편으론 인간의 무한한 욕심에 화가 날 지경이야.

화재 사건이 벌어지고 난 후에 국제 환경 보호 단체인 그린피스가 조사해 봤더니 "아마존에서 열대우림이 사라진 곳의 65퍼센트가 소를 사육하기 위한 목초지로 쓰이고 있다"고 해. 산소를 생산하고 이산화탄소를 흡수해 주는 숲과 토양이 단지 소고기 생산을 위해서 사라지고 말았으니, 너무 안타까운 일 아니니?

우리가 애용하는 대형 패스트푸드 업체들은 이곳 아마존에서 생산된 소고기의 주요 구매자야. 특히 국제적인 프랜차이즈 매장을 운영하는 맥도날드와 버거킹, KFC는 내부적으로 '산림 벌채 제로(Zero Deforestation)' 정책[✳]을 갖고

있지만, 그린피스의 최신 보고서에 따르면 실질적인 이행

으로까지는 이어지지 못하는 것으로 드러났지.

❋   대규모 산림 파괴와 관계 있는 원재료는 쓰지 않겠다는 정책을 말한다.

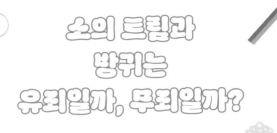

소의 트림과
방귀는
유죄일까, 무죄일까?

소가 방귀를 뀌어서 지구 온난화가 더 심해진다는 말, 들어 본 적 있어? 이런 말을 들으면 소가 얼마나 억울할까? 심지어 환경 전문가 중에도 공개적으로 이렇게 말한 사람이 있어. "소는 양쪽 끝에서 메탄을 뿜는 매우 역겨운 동물이다." 아이고, 소가 정말 기분 나쁘겠다. 그치?

소와 양은 반추동물이야. 반추가 뭐냐면, 한번 삼킨 음식을 위 속에 저장했다가 토해 낸 뒤 다시 씹는 걸 말해. 되새김질을 하는 거지. 사람 위는 1개인데, 소는 위가 자그마치 4개나 되거든. '위대'한 존재지. 소는 음식을 먹으면 4개의 위로 되새김질을 해. 자는 시간을 제외하면 하루에 10시간 가까이를 계속 되새김질하면서 지내지. 그 과정에서 위장 속 박테리아가 음식을 소화하면서 메탄*이 발생해. 메탄의 95퍼센트는 트림으로, 나머지 5퍼센트는 방귀에 섞여서 바깥으로 방출되지. 메탄 트림, 꺼억.** 메탄 방귀, 뿡!

그렇다면 반추동물이 뿜어내는 온실가스가 얼마나 많기에 문제가 되는 걸까? 지구에서 사육되는 소, 양, 염소 같은 반추동물은 31억 마리야. 아무리 많아도 방귀 좀 뿡뿡 뀐다고 온실가스가 나와 봤자 얼마나 되겠냐고? 이모도 처음엔 그런 반응이었는데, 구체적인 숫자를 알고 나서는 가볍게 웃어넘길 수가 없더라고.

전 세계의 소가 1년에 약 1105억 킬로그램의 메탄가스를 배출하는데, 자그마치 전 세계 메탄가스 배출량의 약 25퍼센트야. 양이나 염소 등 모든 가축이 발생시키는 메탄가스까지 합하면 전 세계 메탄가스 배출량의 약 37퍼센트를 차지하지. 〈2006년 유엔 식량농업기구 보고서〉에서는

✽ 　메탄이란 녀석은 이산화탄소보다 온실 효과가 80배 이상 높은 것으로 악명이 높다.
✽✽ 소와 다르게 사람의 트림은 주성분이 질소나 산소다.

소 1마리가 1년 동안 방출하는 메탄이 47킬로그램으로, 소 4마리면 차량 1대가 내뿜은 메탄가스 양과 맞먹는다는 거야.* 1마리의 소가 트림과 방귀로 연간 배출하는 이산화탄소 양이 지구 한 바퀴를 차로 돌 때만큼의 이산화탄소를 배출한다니, 처음 알게 된 사실이 놀랍지?

소가 먹어 치우는 사료에서도 온실가스가 나오는데, 이것도 심각한 문제야. 질소 비료는 아산화질소를 내뿜는데, 아산화질소는 이산화탄소에 비해 296배 강한 온실가스야. 소가 내뿜는 메탄가스 때문에 대기가 오염되고, 소가 먹는 사료, 소가 배출하는 분뇨까지 지구 환경을 오염시킨다는 것, 우리가 더 이상 외면할 수 없는 현실이지.

자, 이제 다시 물어볼게. 소는 유죄야, 무죄야? 어쩌면 이것은 질문 자체가 잘못된 것 같아. 소에게 책임을 물으면 억울하지. 잘못은 우리 인간에게 있으니까.

※ 소 1마리가 연간 내뿜는 메탄 47킬로그램을 이산화탄소로 바꿔 계산하면 1109킬로그램이 되는데, 자동차 1대의 1년 이산화탄소 배출량은 4700킬로그램이니까 '소 4마리 = 자동차 1대' 공식이 나온 것이다.

소고기를
덜 먹는 게
기후 식사의 첫 걸음

세계 여러 국가들이 가만히 손 놓고 있는 것만은 아니야. 2009년 유럽 국가 중 에스토니아가 가장 먼저 '방귀세(Fart Tax)'를 신설해서 부과하기 시작했어. 소가 세금을 어떻게 내냐고? 물론 소가 아니라 소를 키우는 사람들이 내는 거지.

축산업에서 발생하는 온실가스가 환경오염의 원인 중 하나이기 때문에 세금을 물려야 한다는 공감대가 형성됐어. 덴마크나 뉴질랜드 같은 낙농업의 비중이 큰 국가들도 도입을 추진 중에 있지. 또 다른 방법으로, 소화할 때 메탄이 덜 나오는 소 사료를 먹이기도 해.

하지만 결국 우리 인간의 소고기 소비가 지금보다 더 줄지 않으면 이 문제는 해결되기 힘들어. 소 자체가 문제라기보다는 소고기 축산이 지금 적정한 수준을 넘어서면서 지구가 감당하기 힘들 정도인 게 문제잖아. 그래서 일부에서는 "만약 우리가 단 하나만이라도 육식을 줄여야 한다면, 소고기에서 닭고기나 돼지고기로 옮겨야 큰 효과를 거둘 수 있다"라는 주장이 힘을 얻고 있어. 소고기 1킬로그램당 발생되는 온실가스는 60킬로그램인데, 상대적으로 닭과 같은 가금류는 온실가스 배출량이 소고기의 10분의 1 수준이니까 말이야. (물론 이 주장이 반드시 옳다는 건 아니야. 전문가들 사이에서도 여전히 의견이 분분하거든.)

소 때문에 기후 변화가 일어나는 건 아니지만, 고기를 덜 먹어서 소비가 줄고, 소비가 줄어드니까 생산량도 줄게 되면 궁극적으로는 우리 지구의 기후 변화를 늦출 수 있어. 영국 런던대학교 골드스미스칼리지는 2019년에 기후 변화가 심해지는 것을 걱정한 학생들이 투표를 통해 교내에서 소고기를 금지하기로 결정했어. 다른 대학들도 비슷한 움직임을 보이고 있지. 그러니까 만약 고기 섭취를 줄

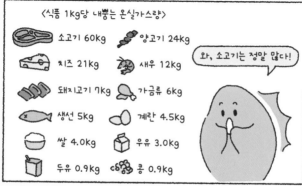

여야겠다고 마음을 먹었지만 실천이 쉽지 않다면, 우선 첫 번째로 소고기 먹는 횟수와 양을 줄여 보는 것도 좋은 방법으로서의 '기후 식사'일 거야.

4장

'1인 1닭' 해도 괜찮을까?

[치킨]

우리가 몰랐던,
치킨의
기구한 일생

이상하게 금요일만 되면 치킨이 엄청 먹고 싶어지지 뭐야. 배달 앱으로 치킨을 시키면 기다리는 시간도 행복하더라고. 나처럼 치킨을 좋아하는 사람이 많은지, 우리 동네에는 치킨집이 카페만큼이나 많아.

전 세계 맥도날드 매장 수보다 대한민국의 치킨집 수가 더 많은 거 알고 있니? 창업 비용이 다른 요식업보다 상대적으로 적게 들고, 기술을 금방 배워서 가게를 열 수 있어서이기도 하지만, 닭고기 수요가 높은 것도 우후죽순 치킨집이 생겨나는 이유야. 닭고기를 싫어하는 사람은 잘 없으니까.

힌두교도는 소고기, 이슬람교도와 유대교도는 돼지고기를 먹지 않지만, 닭고기는 종교와 무관하게 대체로 먹는 편이야. 그래서 인류는 1인당 연간 평균 10마리에 가까운 닭을 먹고 있고, 한국인은 그 2배를 먹고 있어. 우리나라 전체 가구의 70퍼센트는 일주일에 한 번 이상 닭고기를 먹고 있대.

이모가 예전에 기자였다고 말했었나? 사회부 기자일 때 조류인플루엔자 취재를 한 달 넘게 한 적이 있어. 조류인플루엔자 바이러스는 철새, 닭, 오리 등 조류에 감염되는 바이러스인데, 전파 속도가 엄청 빠르고 사람에게도 감염을 일으킬 수 있는 인수 공통 감염 바이러스야. 감염된 조류의 배설물로 전파가 되는데, 한번 농장에 돌기 시작하면 인근 농장으로 퍼져 나가 걷잡을 수 없이 확산되지.

이모는 방역 당국의 취재 허가를 받아서 전신을 감싸는 흰 방역복을 입고 양계 농가들을 취재했었어. 그때 처음 직접 눈으로 본 양계장의 모습은… 이루 말할 수 없을 정도로 충격이었지.

일단 너무 비좁은 곳에서 닭들이 꿈쩍도 못 하는 상태

로 사육되고 있었고, 환기가 잘 되지 않아 악취가 코를 찔렀어. 닭장 안에 들어가는 것만으로도 숨이 막혔지. 푸른 풀밭을 깡충깡충 뛰어다니고, 부리로 벌레를 쪼고, 노란 병아리들이 엄마 닭을 일렬로 종종종 뒤따라 다니는 모습은… 그러니까, 어릴 적 읽었던 동화 속에만 존재하는 거였어. 내 눈앞에 펼쳐진 닭장의 모습은 그것과는 전혀 다른 모습이었거든.

그동안 치킨을 배달시켜 먹는 걸 좋아하기만 했지, 그 치킨이 어디서 어떻게 자라왔는지를 확인하는 건 처음이었는데, 정말 고통스러운 일이었어. 이러한 열악한 사육 환경을 두고 '공장식 축산'이라고 해. 마치 공장에서 물건을 찍어 내듯 가축을 길러 낸다는 거지. 생명을 물건처럼 일정하게 만들어 내는 거야. 이런 양계장에 사는 닭은 좁은 케이지에 갇혀 움직일 수도 없고, 날갯짓을 할 수도 없어.

이런 상상을 한번 해 보자. 우리가 몸조차 움직일 수 없는 공간에 하루 종일 갇혀 한 공간에서 먹고 자고 싼다는 상상 말이야. 닭이 현재 그렇게 살고 있어. A4 종이 한 장 크기의 닭장에 두세 마리가 갇혀 있지.

닭은 원래 무리 지어 생활하고 서열이 정해져 있어서 높은 서열의 닭이 낮은 서열의 닭을 쪼면서 공격해. 공간이 넓다면 그 공격을 피할 수 있겠지만, 좁은 케이지 안에 사니까 도망갈 곳이 없어. 닭의 특성상 50마리까지는 서로 식별할 수 있지만, 그 이상이 한 공간에 있게 되면 싸움이 벌어져 부리로 서로를 쪼아 대거든. 그래서 이것을 막기 위해 농장주들은 병아리 때부터 부리의 뾰족한 부분을 잘라 버려. 부리에는 민감하고 섬세한 신경 조직들이 있어서 그곳을 자르면 고통이 정말 심해. 닭의 입장에서 생각해 보면 너무 가혹한 일이야.

좁은 공간에서 움직이지도 못하고, 밤낮 없이 모이만 먹으며 살이 찌다 보면 면역 체계에 문제가 생길 수밖에 없어. 그러다 보니 농장주들은 닭이 병들지 않도록 항생제를 과도하게 투여하고, 살을 빠르게 찌워야 생산성이 좋아지니까 동물성 사료를 공급하는 등 비정상적인 사육이 이루어지는 거야. 그렇게 현재는 안전하지 못한 사육 환경이 일반적인 게 되었지. 조류인플루엔자 같은 감염병이 한 해도 거르지 않고 우리나라 축산 농가에 퍼지는 건, 이렇게 좁고 빽빽한 공간에서 닭을 키우고 있기 때문이기도 해.

결국엔 안 좋은 환경에서 자란 닭을 먹는 인간에게 그 영향이 고스란히 돌아올 거야. 이런 공장식 축산 시스템은 2차 세계대전 이후에 폭발하는 육류 수요를 뒷받침하기

우리가 몰랐던 치킨의 기구한 일생

위해 나온 축산 방식이야. 최저 비용으로 최대 생산이라는 자본주의 경제 논리가 생명에까지 적용된 거지. 여기엔 '돈을 벌기 위해서라면 동물이 사는 환경은 어떻든 상관없다'는 잘못된 인식이 깔려 있는 거야.

'소모 닭'과
'괴물 닭'이
던지는 질문

닭의 원래 평균 수명은 7~13년 안팎이래. 그런데 양계장에서 자란 고기가 될 운명인 '치킨'은 고작 30일만 살고 도축 시설로 보내져. 우리는 사실 닭이라기보다는 '큰 병아리'를 먹고 있는 셈이야.

어쨌든 닭은 키우는 데 사용되는 사료의 양에 비해 얻는 고기가 많은 편이야. 소와 비교해 보면 사육에 필요한 면적이 10분의 1이고, 1킬로그램을 찌우는 데 필요한 사료의 양이 8분의 1밖에 되지 않는다고 해. 한마디로, 적게 먹고 금방 크는 거야. 우리는 닭 덕분에 '값싼 단백질'을 얻게 된 거지.

사람들은 거기에서 만족하지 않았어. 치킨이나 삼계탕처럼 닭을 통째로 조리해 먹는 우리나라 조리법과 다르게 미국인들은 닭고기를 부위별로 요리해서 먹기도 하는데, 닭가슴살을 가장 좋아해. 퍽퍽한 닭가슴살을 왜 좋아하는지 사실 잘 이해가 되지 않지만, 어쨌든 미국에서는 닭가슴살의 수요가 가장 많지. 그러자 양계업자들은 가슴 근육이 발달된 닭으로 품종을 점점 개량시켰어. 그래야 돈이되니까. 그러다 보니 불과 몇십 년 전의 닭과 비교해 보면 닭의 가슴이 2배나 커졌어. 《식량의 종말》을 쓴 폴 로버츠는 "1980년에 맥도날드가 '치킨 맥너겟' 메뉴를 개발한 뒤로 닭들은 비정상적으로 빠르게 스모 선수 체형이 됐다"라고 꼬집었지.

그런데 말이야, 이렇게 닭의 체형이 무리하게 바뀌면서 심각한 문제들이 나타나고 있어. 닭의 몸 균형이 무너지면서 다리뼈가 비틀려 걷기 힘들어질 정도로 말이야. 앞서 말했던 공장식 사육으로 질병에 쉽게 노출된 상태까지 더해지니 닭의 건강이 어떻겠어? 죄 없는 닭만 아프고 힘든거지.

사람들은 닭을 품종 개량하는 데서 그치지 않았어. '닭고기 소비 1위 국가'인 이스라엘에서 새롭게 품종을 개량한 닭을 선보였는데, 그것을 본 사람들은 깜짝 놀랐어. 글쎄, 닭에 깃털이 하나도 없는 거야. 마치 손질이 끝난 듯한 깃털이 없는 살아 있는 닭이라니! 이모도 사진으로 보았는데 소름이 돋더라.

이 닭은 깃털이 없는 새와 닭을 교배시켜서 만들었다고 해. 연구진들은 닭털을 뽑지 않아도 되니 도축 비용을 아낄 수 있다고 자랑스럽게 성과를 설명했지만, 사람들은 이 닭을 '괴물 닭'이라고 부르며 경악했어. 이 닭은 상용화

2008년 이스라엘 텔아비브의 레호보트 농업 연구소의 연구자들이 창조한 깃털 없는 닭 품종.

까지는 이르지 못하고 역사 속으로 빠르게 사라졌지. 정말 다행이라고 생각해.

만약 전 세계의 사람들이 닭가슴살 대신에 닭날개를 좋아한다면 어쩌면 거대한 날개를 가진 닭이 나오지 않을까? 아니면, 다리가 네 개인 닭이 나오거나. 문득 그런 상상을 하면 끔찍해져.

인간을 위해 자연이 원래의 모습을 잃어버리는 게 과연 옳을까?

우리 집 달걀
번호는 몇 번?
달걀의 비밀

2017년에 '살충제 달걀 파동'이 있었어. 당시에 엄청 논란이 있었는데, 달걀에서 사람에게 해로운 살충제 성분인 '피프로닐(Fipronil)'이 검출돼 전 세계가 충격에 빠졌던 사건이야.

그 뉴스가 나오자 달걀 소비량이 급감하고, 달걀을 무더기로 폐기하고, 난리가 아니었지. 이 사건의 원인으로 지목된 게 비좁은 닭장이었어. 무슨 말이냐고? 원래 닭은 자연에 풀어 놓고 키우면 흙에 몸을 비비는 '흙 목욕'을 하면서 몸에 붙은 진드기를 떼어 내. 하지만 비좁은 철창에 갇힌 닭들은 흙 목욕은커녕, 날개조차 펴 보지 못하고 몸을 옴짝달싹하기도 힘든 채로 평생 알만 낳다가 죽어. 그러니 양계업자들은 벌레를 없애려고 살충제를 마구마구 뿌렸고, 이 닭들이 낳은 달걀에서까지 살충제 성분이 나온 거야. 원래 이 피프로닐이라는 살충제는 오랜 기간 노출되면 장기를 손상시킬 수 있어서 소나 돼지, 닭처럼 식용으로 쓰이는 동물에게는 사용이 금지돼 있어.

어떠한 환경에서 자란 닭이 낳은 알인지 그걸 어떻게 알 수 있냐고? 지금 집에서 이 책을 읽고 있다면 우리 집 냉장고 문을 열고 달걀을 한번 확인해 봐. 거기에 번호가 찍혀 있지? 암호 아니냐고? 모르는 사람에게는 암호겠지만, 아는 사람에게는 중요한 정보야. 이것을 난각 번호라고 하는데, 달걀 껍질에 적힌 이력 번호 중에서 소비자가 체크해야 하는 건 마지막에 적힌 사육 환경 번호야.

예를 들어 '0821 M3FDS 2' 라고 찍혀 있는 달걀을 보자. 앞의 첫 네 자리인 '0821'은 산란 일자(월일)야. 8월 21일에 낳은 달걀이란 의미지. 가운데 다섯 자리는 생산자(농장) 고유 번호야. 그리고 우리가 알아야 하는 건 맨 마지막 번호야. 이것이 닭의 사육 환경을 나타내는 숫자거든. 이모 집 달걀은 마지막 번호가 '2'네. 이 마지막 번호가 닭이 어떻게 자랐는지 '진실'을 말해 주고 있어.

번호	사육 환경
1	**자연 방사**: 자연에서 신선한 공기를 마시고 흙 목욕도 하면서 자유롭게 사는 닭이 낳은 알
2	**축사 내 평사**: 축사 안에서 돌아다닐 수는 있지만 닭장에서 사는 닭이 낳은 알
3	**개선 케이지**: 기존의 케이지보다 조금 더 넓지만 여전히 좁고 답답한 닭장에 사는 닭이 낳은 알
4	**기존 케이지**: 좁고 답답한 닭장에 사는 닭이 낳은 알

마지막 숫자가 낮을수록 더 괜찮은 환경에서 산 닭이 낳은 달걀인 거지. 너희 집 달걀의 사육 환경 번호는 몇 번이야? 4번? 우리나라에서 생산되는 달걀의 10개 중 9개는 4번이야. 더 많이, 더 저렴한 비용을 들여 알을 낳게 하려면 4번 생육 환경이 제일 유리하거든. 동물 복지를 위한 환

경을 갖추려면 비용이 드니까 1, 2번 달걀이 아무래도 더 가격이 비싸지.

'동물 복지' 인증을 받은 달걀의 난각 번호는 1번으로 시작해. 방목형 동물 복지 기준에 따라 사육되기 때문에 일반적으로 사육된 닭의 달걀보다 비싸긴 하지. 그렇지만 최근엔 동물을 위한 복지 때문만이 아니라 우리의 건강을 위해서도 닭과 달걀의 사육 과정에 관심을 기울이고 소비해야 한다는 의견이 많아지는 추세여서 꼼꼼히 살펴보고 구매하는 소비자가 늘고 있어.

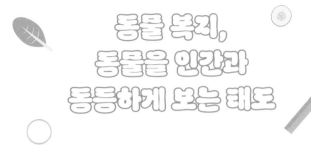

동물 복지,
동물을 인간과
동등하게 보는 태도

영화 〈옥자〉는 다국적 식품 기업에 의해 도살 위기에 처한 슈퍼돼지 옥자와 그를 구출하려는 산골 소녀의 이야기인데, 생명을 돈으로만 생각하는 자본주의와 끔찍한 공장식 축산의 문제점에 대한 비판이 담겨 있어.

봉준호 감독은 이 영화를 찍고 난 후부터 채식주의자에 가까운 생활을 하게 됐다고 해. 만약 우리가 동물 사육의 실체와 도살 과정을 자세히 알게 된다면 아마도 봉준호 감독처럼 지금과는 조금 다른 선택을 하게 될지도 몰라.

이모도 관련 영상과 책을 보기 전과 보고 난 이후에 조금은 다른 선택을 하고 있더라고. 러시아의 대문호 톨스토이는 "도살장이 유리로 되어 있었다면 모든 사람이 채식주의자가 됐을 것이다"라고 말했어. 동물이 어떤 고통을 당하는지 생생하게 볼 수 있다면, 지금처럼은 하지 않을 거라는 의미지.

공장식 축산 문제에 관심 있는 사람들은 유튜브를 통해서 혹은 환경단체의 고발을 통해서 동물의 비참한 사육의 실상을 알게 되면서 비건의 길로 들어서기도 해. 동물에게도 그렇지만 사람에게도 이러한 공장식 축산이 건강과 위생 측면에서 해를 끼친다는 문제의식을 모두가 조금씩은 오래전부터 갖고 있었거든.

다행히 최근엔 동물권에 대한 인식이 높아지면서 정부 차원에서도 법으로 동물 복지를 규정하고 있어. 최근 한 여론 조사에 따르면, 소비자들이 쇼핑할 때 동물 복지에 관심을 보이는 경향이 점점 높아지는 것으로 나타났지.

동물 복지란 동물 학대, 살상 등을 못 하게 하고 그 동물의 특성에 맞게 다룰 수 있도록 노력하는 운동으로, 동물이 배고픔이나 질병 따위에 시달리지 않고 행복한 상태로 살아갈 수 있도록 만든 정책이나 시설을 말해. 비교생

물학이 발달하면서 사람뿐만 아니라 신경계가 발달한 동물도 아픔을 느낄 가능성이 있다는 것을 인식하게 되었거든. 그래서 '식용으로 소비되는 닭, 소, 돼지 따위의 가축이 건강하고 안락하며 좋은 영양 및 안전한 상황에서 본래의 습성을 표현할 수 있으며, 고통과 두려움, 괴롭힘 등의 나쁜 상태를 겪지 않는 것'을 중요하게 생각하지. 아무리 고기 용도로 키우는 가축이라 하더라도 사육 기간엔 쾌적한 환경을 제공해야 하고, 스트레스와 불편한 고통을 최소화해야 한다는 거지.

혹시 '동물 복지 축산 농장 인증제'라는 걸 들어 봤니? 높은 수준의 동물 복지 기준에 따라 인도적으로 동물을 사육하는 소·돼지·닭·오리 농장 등에 대해 국가에서 인증하고, 인증 농장에서 생산되는 축산물에 '동물 복지 축산 농장 인증 마크'를 표시하는 제도를 말해. 7개 축종(산란계, 육계, 돼지, 한·육우, 젖소, 염소, 오리)에 대해 사육, 운송, 도축 전 과정을 체계적으로 관리하여 종합적인 농장 동물 복지 체계를 마련해 나가고 있는 거지. 우리나라는 동물 복지를 위해 지켜야 될 조건을 동물보호법*으로 정해 놓았어.

제3조(동물 보호의 기본 원칙) 누구든지 동물을 사육·관리 또는

보호할 때에는 다음 각 호의 원칙을 준수하여야 한다.

1. 동물이 본래 습성과 몸의 원형을 유지하면서 정상적으로 살 수 있도록 할 것
2. 동물이 갈증 및 굶주림을 겪거나 영양이 결핍되지 아니하도록 할 것
3. 동물이 정상적인 행동을 표현할 수 있고 불편함을 겪지 아니하도록 할 것
4. 동물이 고통·상해 및 질병으로부터 자유롭도록 할 것
5. 동물이 공포와 스트레스를 받지 아니하도록 할 것

예를 들어 농장이 '동물 복지' 인증을 받기 위해서는 닭들이 편안하게 일어서고, 돌아서고, 날개를 뻗을 수 있는 공간을 닭들에게 제공하고 매일 최소 8시간 이상 밝은 상태와 6시간 이상 어두운 상태가 지속돼야 해. 또 자유 방목을 추가 인증받기 위해서는 사육 시설에 별도의 방목장 면적을 3마리당 3.3제곱미터 이상 확보해야 한다는 규정이 있어.

❋ 제1조(목적) 이 법은 동물의 생명 보호, 안전 보장 및 복지 증진을 꾀하고 건전하고 책임 있는 사육 문화를 조성함으로써, 생명 존중의 국민 정서를 기르고 사람과 동물의 조화로운 공존에 이바지함을 목적으로 한다.

결국 고기가 될 텐데 상관없지 않느냐고 생각할 수도 있겠지만 동물이 '사람을 위해서' 존재하는 것이 아니라, '우리와 함께' 지구에 존재하는 생명이라는 당연한 사실을 잊지 말자고!

5장

고기 자리를 대체할 수 있을까?

[인공 고기]

퍽퍽한 콩고기는 가라! "비건 버거 주세요!"

어느 날, 집 가는 길에 햄버거 가게 앞을 지나는데 1+1(원 플러스 원) 행사를 하고 있다는 포스터가 떡하니 붙어 있는 거야. 배고픈 레벨을 봤을 땐 돌도 씹어 먹을 수 있을 정도로 최고 단계였어. 들어가서 키오스크로 메뉴를 살펴보는데, 거기에 비건 버거라는 신 메뉴가 있지 뭐야.

설명을 자세히 읽어 보니까 빵과 고기, 치즈가 모두 식물성이라고 돼 있었어. 순간 호기심이 들었지. 그래서 그걸 콜라랑 함께 주문해서 자리에 앉아 먹어 봤어. 내 인생

최초의 비건 버거였지.

채식에 도전해 보겠다고 굳은 결심을 해도, 친구들과 만나 밥을 먹을 때 나 때문에 식당 선택의 폭이 좁아진다거나, 메뉴를 고르면서 친구들이 내 눈치를 보게 되면 마음이 불편하잖아? 그럴 때 함께 가기 딱 좋은 곳이 햄버거 가게 같아. 최근엔 비건 버거를 선보이는 대형 햄버거 프랜차이즈가 늘고 있거든.

비건 버거, 일단 겉모양은 똑같았어. 맛은 어땠냐고? 버거는 늘 맛있잖아. 맛있었어! 비건 버거라고 말하지 않으면 모를 정도로 똑같더라니깐. 양상추와 익숙한 소스 때문에 '아는 맛'이라 더 거부감이 없었는지도 모르겠지만.

난 처음엔 비건 버거라고 하니까 콩고기를 다져서 고기 모양으로 패티를 만들었구나 생각했거든? 근데 그건 완전 옛날이야기고, 고기 같은 식감과 맛을 내기 위한 연구가 이미 엄청 활발하게 이뤄지고 있었더라고!

몇 년 전, 친구를 따라서 채식 뷔페에 가 본 적이 있거든. 그때 버섯탕수육이랑 가지튀김은 그럭저럭 먹을 만했지만, 대표 메뉴였던 콩불고기 맛은… 영 별로였어. 그런데 몇 년 사이에 기술이 빠르게 진화했더라고. 비건 버거인데 육즙까지 느껴지면서 맛있었고, 소스 덕분인지 퍽퍽하지

도 않았어.

우리가 알고 있는 '진짜 고기' 말고 사람이 인공적으로 만들어 낸 고기를 '인공육'이라고 해. 진짜 고기 자리를 대체할 수 있다는 의미에서 대체육이라고 부르기도 하지.※

먼저 인공육 중에서 식물성 재료를 기본으로 만든 고기를 알아볼게. 식물에서 추출한 식재료를 가공해서 최대한 고기와 비슷한 맛을 만든 걸 말해. 소고기나 돼지고기 대신에 식물성 원료를 활용해서 만든 식물성 대체육이지. 이걸 식물육 또는 유사육이라고 해. 콩을 쓰기도 하고, 버섯으로 고기와 비슷한 식감을 살리기도 하지.

비건에 관심 있다면, 최근에 대체육을 먹어 본 적 있어? 아니, 한 번도 안 먹어 봤다고? 그럼 질문을 바꿔 볼게. 라면은 먹어 봤지? 건더기 스프에 작게 들어 있는 고기가 바로 콩으로 만든 고기야. 콩의 단백질을 뭉쳐서 고기의 식감을 만들어 낸 거지. 또 다른 예로, 대체육으로 만든 버거가 있어. KFC의 비건 버거 패티는 표고버섯으로 대체육을 만들었고, 롯데리아는 밀과 콩으로 대체육을 만들어 비건 버거를 출시했지.

※ 우리나라는 식물성 원료, 세포 배양, 유사 축산물 등 모든 인공육을 '대체식품'이라고 표기하기로 했다.

세계에서 가장 유명한 인공육 회사인 '비욘드 미트'는 콩, 버섯, 호박 등에서 추출한 식물성 단백질을 천연 효모, 섬유질과 배양해 고기 특유의 식감과 풍미를, 코코넛 기름과 비트로 촉촉한 육즙의 느낌을 만들어 냈어. 예전 콩고기의 경우엔 콩을 갈아 글루텐으로 굳히는 방식으로 만들어서 맛과 식감이 실제 고기와 차이가 많이 났지만, 비욘드 미트는 이것을 개선해 실제 고기를 먹는 듯한 맛과 식감을 내려고 노력했대.

　　2011년 미국 스탠퍼드대학교 생화학과 교수가 창업한 '임파서블 푸드'가 선보인 비건 버거는 밀, 감자, 아몬드 등에 첨가물을 섞어 패티를 만들고 코코넛 기름으로 고기의 육즙까지 재현해 냈어. 특히 효모에 레드헤모글로빈 생산 유전자를 삽입해 발효한 발효액을 패티에 넣어서 붉은색 육즙까지도 똑같이 재현해 '피 흘리는 채식 버거'라는 별칭을 얻기도 했지. 피 흘리는 버거라니, 좀 으스스하지만 진짜 고기와 최대한 닮게 만든 인공육 기술의 놀라운 성과라고도 볼 수 있어.

세상에서 가장 비싼 햄버거, 3억 6000만 원

2013년 7월, 영국 런던의 한 요리 축제 한쪽에 사람들이 구름 떼처럼 몰려들었어.

"프랑켄 버거 한번 구경하자!"

사람들 앞에 서 있던 사람은 셰프가 아니라 네덜란드의 의학생리학자 마크 포스트 교수였어. 교수는 6년간의 연구 끝에 이 버거 패티를 만들었다며 벅찬 표정을 지었지. 그가 뚜껑을 열자 거기엔 평범하게 생긴 얇은 고기 패티 한 장이 달랑 놓여 있었어.

사람들이 이 패티를 사용한 버거를 '프랑켄 버거'라고 불렀던 이유는, 소설《프랑켄슈타인》속 괴물이 괴짜 과학자의 실험실에서 탄생한 생명체였던 것처럼, 이 패티도 연구실에서 만들어졌기 때문이야. 소의 목 부위 근육에서 조직을 추출해 줄기세포를 떼어낸 뒤 배양접시에서 영양소를 주입해서 '인조 고기'를 만든 거지. 햄버거에 필요한 크기까지 키우는 데에 6주가 걸렸지만, 연구 기간을 더하면 총 6년이 걸렸다고 해.

세포를 배양해서 만든 패티는 쌀 낟알 크기의 살코기 300조각과 지방 등 다른 부위 200조각으로 만들어졌고, 무게는 141.7그램이었어. 실험 비용을 고려하면 햄버거 1개를 생산하는 데 무려 25만 유로, 우리나라 돈으로 3억 6000만 원이 든 셈이지.※ 세상에서 가장 비싼 햄버거인 셈이야. 이 버거를 조금씩 나눠 먹어 본 사람들의 평가 중에는 "맛이 괜찮다"라는 반응도 있었고, "육즙이 없어 퍽퍽하다"라는 혹평도 나왔어.

비건 햄버거를 이야기하면서 설명했던, 실제 고기가 아닌데 고기 맛을 내는 식재료(대부분 식물성)를 가공하고 조

※ '英, 인조 쇠고기로 만든 버거 첫 선', 〈세계일보〉(2013년 7월 29일).

소의 골격근에서
세포 분리

줄기세포 배양, 증식,
결합 및 근육세포로 분화

근육세포를 근육섬유로
전환 후, 전기 자극 주입

미료를 넣어 조합해서 최대한 고기와 비슷한 맛을 내게 만드는 대체육 말고, 배양육이라는 게 있거든. 방금 말한 3억 6000만 원짜리 버거에 사용한 고기는 배양육이야. 배양육은 동물 고기를 이루고 있는 동물의 줄기세포만 따로 채취해서 자라게 하고, 그것을 모아 고기를 대체할 식재료로 생산해 사용하는 거야. 식물로 만든 대체육과 다르게 이것의 실제 성분은 고기지.

배양육 또는 인공육이란, 살아 있는 동물의 조직을 배양해서 만들어 내는 고기를 의미하는 말이야. 소, 돼지, 닭 등 가축의 줄기세포를 키워서 살코기(기름기나 힘줄, 뼈 따위를 발라낸 순살로만 된 고기)를 만들고, 염색과 지방 주입 과정을 거쳐 최대한 고기 모습으로 완성시키지. 실험실용 접시 위에서 점점 크기를 키워 가고 있는 붉은색 고기를 상상하면, 딱 그 모습이야. 공상과학 영화나 애니메이션에서 보았던 일이 현실화되고 있다니, 정말 놀랍지 않아?

등심 1인분 '프린트' 해서 먹을까?

고기를 원하는 대로 '출력(print)'하는 세상도 현실로 다가왔어. 마블링과 지방 비율까지 맞춤형으로 말이야. 어떻게 하냐고? '3D 바이오 프린터'에 입력하면 돼. 바늘처럼 날카로운 촉이 한 줄 한 줄 출력해서 고기 모양을 만들고, 이렇게 만든 배양육을 배양액에 넣어서 시간이 지나면 세포가 가득 차올라 인공 고기가 되지. 그렇게 프린트된 고기는 진짜 고기와 비슷한 고기 향과 식감을 내. 등심, 안심, 목살 등 원하는 부위에 맞춰서 맛을 다르게 만들 수 있대.

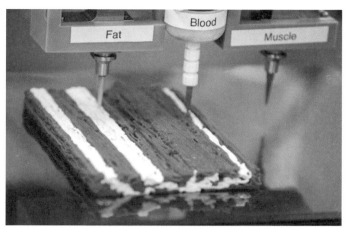

이스라엘 회사 리디파인미트가 생산한 3D 프린팅 기술을 활용해 실제 소고기를 모방해 만드는 식물성 고기.

입력값대로 출력하는 프린터랑 정말 똑같지? 실제로 맛도 꽤 괜찮아서 레스토랑에서 판매되고 있다고 해.

당연히 치킨이나 생선도 이 프린터로 출력이 가능해. 이모가 어렸을 땐 미래 사회에는 바퀴벌레나 귀뚜라미 같은 곤충을 먹는 '단백질' 식사가 일반적일 거라는 이야기를 많이 들었는데, 이렇게 프린터로 '고기 1인분을 프린트'해서 만들어 먹는다면, 차라리 다행인 것 같기도 해.

인공육은 살아 있는 동물의 생명을 해치지 않고, 사육하는 과정 자체가 없으며, 축산으로 인한 환경오염도 없으니 환경친화적이라고 보는 시각도 있어. 또한 앞에서 공장식 축산 때문에 항생제 문제가 있었다고 했지? 그런 문제에서 자유로울 수 있고, 병원균이나 독성 물질을 사전에 차단할 수도 있지.

어떤 사람들은 앞으로 인구가 더욱 증가하고, 기후 변화가 더욱 심각해지면 식량 문제가 발생할 텐데 식량난을 해결하기 위한 열쇠로 인공육, 그중에서도 배양육에 희망을 걸어 볼 만하다고 말하기도 해. 한정된 땅과 한정된 자원으로는 식량난을 해결하기 어려우니까 말이야. 현재 전 세계 곡물의 3분의 1 이상이 가축의 사료로 쓰이고 있는데, 이것을 사람들이 먹는 식량으로 돌리면 식량난 문제가 획기적으로 개선될 수 있지 않겠어?

전문가들은 현재의 발전 속도로 본다면, 2040년쯤이면 배양육 시장이 4500억 달러(약 533조 원) 규모로 전체 육류 시장의 35퍼센트를 차지할 것으로 전망하고 있어. 실험실에서 키운 고깃덩어리를 마트에서 사서 먹는 SF소설 같은 세상이 정말 올지도 몰라. 이모가 어렸을 땐 알약 하나로 영양이 다 해결되는 미래사회를 상상했었는데, 이건 정말 상상 이상의 새로운 변화인 것 같아.

세계 인공육 식품 시장 규모는 조만간 60억 달러를 돌파할 것으로 예측되고 있어. 빌 게이츠 등 IT 업계 거물들이 대체육 개발사인 비욘드미트, 임파서블 푸드, 배양육 업체인 멤피스 미츠 등에 투자했지. 그 외에도 펩시, 맥도날드, 타코벨 같은 유명 기업들도 대체육에 관심이 많아.

네덜란드의 과학자 마크 포스트는 "미래엔 사람들이 자기가 먹을 고기를 7~9주 안에 직접 배양할 수 있게 될 것"이라고 말했어. 그는 배양육의 대량 생산이 가능해지면 가격도 일반인들이 사 먹을 수 있을 정도가 될 거라고 확신하면서, 줄기세포 버거 연구를 계속 하고 있지. 다른 연구자들도 인공육으로 닭가슴살을 만들거나, 물고기 단백질을 배양하는 등 활발하게 연구 중이야. 이들이 성공하면 미래의 밥상 풍경이 획기적으로 달라질 수도 있겠지.

인공육의 가능성과 앞으로의 과제

　하지만 이렇게 장점이 많다고 '진짜 고기'를 단번에 밀어내고 인공육이 우리의 식탁을 쉽게 차지할 것 같지는 않아. 아무래도 심리적으로 거부감을 가지는 사람들이 아직 많거든. 한 설문조사에 따르면, 우리나라 사람들은 '맛이 없어서' 대체육을 좋아하지 않고, 미국 사람들은 '비싼 가격' 때문에 대체육에 손이 안 간다고 응답했어.

　기술이 발전해서 예전보다 맛이 많이 좋아졌다곤 해도, 일단 지금으로선 고기보다 맛이 떨어지는 게 사실이야. 아무리 환경에 좋고 건강에 좋다고 해도 맛없는 걸 꾸역꾸역 억지로 먹는 건, 정말 힘든 일이잖아? 그리고 맛을 또 너무 똑같이 내려다 보면 문제가 생기기도 해. 감미료나 화학 재료들이 인위적으로 들어가면서 안정성 문제가 발생하거나, 나트륨과 포화지방이 오히려 높아져서 건강에 안 좋은 고기가 되어 버리면 난감한 노릇이지.

높은 생산 비용과 판매 가격도 문제야. 업계에서는 1파운드(453그램)당 최대 20달러(2만 6000원)에 팔리는 고급 유기농 닭고기와 가격이 비슷할 것으로 전망하고 있어. 상용화를 위해서는 추가 연구가 필요한 단계인 것도 맞아. 앞에서 말했듯이, 대체육이 시장에서 자리를 잡으려면 판매 가격도 중요한 이슈거든. 아직은 선뜻 손이 안 갈 정도로 비싼 점이 소비자의 발목을 잡고 있어.

한쪽에서는 인공육도 환경오염 이슈에서 완전히 자유롭지 않다고 주장하기도 해. 콩이나 밀가루와 같은 곡물로 만든 대체육 역시 재배를 위해 비료, 농지, 물 등의 자원이 필요하기 때문에 고기보다는 적더라도 대기 오염이나 탄소 배출의 문제에서 완전히 자유로운 건 아니거든.

그래서 최근엔 경작할 땅이 전혀 필요 없는 방법으로 바다 속의 천연 식물을 활용한 대체육 연구가 활발히 이뤄지고 있어. 미국에서는 다시마에서 추출한 단백질을 주재료로 패티를 만든 '해초류 버거'를 선보이기도 했지.*

물론 인체 위험성이 없는지에 대한 불안감과 안정성 검증이 아직 해결해야 할 숙제로 남아 있긴 해. 자연의 법칙을 거슬러 인간의 필요에 따라 생산한 인공육을 굳이 먹어야 하느냐는 비판의 목소리도 여전히 높고 말이야.

이처럼 여러 숙제들이 있지만, 전문가들은 배양육을 포함한 인공육 시장이 결국엔 일반 고기 시장을 넘어설 것이라고 자신하고 있어. 인공 고기를 불판에 올려 구워 먹는 날이 우리가 생각한 것보다 더 빨리 올지도 모른다는 생각이 드네.

*   '세포 키워 얻은 고기, 불판에 올리는 시대가 온다', 〈동아사이언스〉(2021년 1월 4일).

6장

먹거리도
'빈익빈부익부'
【 음식물 쓰레기 】

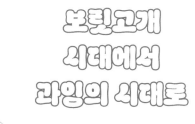

보릿고개 시대에서 과잉의 시대로

'보릿고개'라고 들어 봤어? 어디에 있는 고개냐고? 아니, 그게 아니라 보릿고개는 '햇보리가 나올 때까지의 넘기 힘든 고개'라는 뜻으로, 지난해에 수확한 곡식이 다 떨어져서 먹을 게 바닥이 난 힘든 시기를 뜻하는 말이야.

농민들은 가을에 쌀을 추수하고 난 빈 논에다 보리를 심었어. 해가 지나고 5월이 지나면 쌀이 거의 바닥이 나는데, 논에 심어 놓은 보리가 아직 여물지 않아서 먹을 게 없으니 배고픔에 시달리는 거지. 배가 너무 고프니까, 나무의 껍질을 벗겨 먹거나 풀뿌리를 캐서 죽을 쒀서 먹기도 했대. 지금으로선 상상하기 힘든 모습이지? 1960년대까지만 해도 우리나라는 많은 사람이 보릿고개를 겪었어. 이모도 경험한 거냐고? 아니야, 이모 그렇게 나이 많지 않거든!

지금은 먹을거리가 부족하기는커녕 1년 365일 내내 '과잉의 시대'라고 부를 정도야. 여기저기 돈만 주면 살 수 있는 먹거리들이 넘쳐나지. 가까운 마트에 가 보면 가격 할인이나 '1+1 행사'로 소비자의 지갑을 열게 하려고 다들 마케팅에 열심이야. 그러면 우리는 뭐에 홀린 듯 필요한 양보다 더 많은 양의 식품을 구입하지. 주말이면 외식도 자주 하고, 구독하는 유튜버의 '먹방'*을 따라서 과식도 해 보고, 배가 고파서가 아니라 그냥 먹고 싶어서 음식을 배달 앱으로 시키기도 하지.

그런데 기후 시민의 시선으로 오늘 우리의 하루를 다시 한번 돌아보면 음식 말고 다른 것들이 보이게 돼. 그게 뭐냐고? 우리가 먹고 지나간 자리마다 남겨진 음식물 쓰레기야. 이게 말이야, 지구 전체로 따져 보면 그 양이 어마어마하다고!

✻ '먹는 방송'의 줄임말로, 출연자들이 음식을 먹는 모습을 주로 보여 주는 방송 프로그램을 말한다.

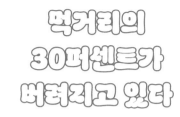

먹거리의 30퍼센트가 버려지고 있다

일단 우리가 '음쓰'라고 흔히 부르는 음식물 쓰레기의 정의부터 내리고 시작해 보자고. 먹다 남은 걸 버리는 게 음식물 쓰레기 아니냐고? 아주 틀린 말은 아니지만, 그건 아주 작은 일부분만 떠올리고 있는 거야.

음식물 쓰레기란 '식품의 생산·유통·가공·조리 과정에서 발생하는 농·수·축산물 쓰레기와 먹고 남은 음식 찌꺼기 등'을 말해. 그러니까 우리 식탁에 오르기 전에 식품을 만들고 이동하면서 버려지는 것들까지도 모두 음식물 쓰

레기에 포함되는 거야.

우리에게 친숙한 과일인 바나나를 예로 들어 볼까? 라틴아메리카엔 대규모 바나나 농장이 있어. 넓고 비옥한 땅에 심겨진 바나나 나무를 현지 주민들의 값싼 노동력으로 기르는 곳이야. 거기서 수확한 바나나는 거의 수출하지. 그런데 수확한 바나나 중에서 크기가 너무 작거나 큰 것, 찌그러진 것, 껍질에 생채기가 난 것, 너무 익은 것들은 '기준 미달'이야. 한마디로 상품성이 떨어지는 것들이지. 라틴아메리카에서 재배된 바나나의 20퍼센트가 이러한 외관 결함 때문에 판매되지 못한다고 해. 공장에서 찍어낸 제품처럼 일정 규격이 아니라서, 조금 작거나 못생겼다는 이유로 맛과 영양 면에서 전혀 문제없는 바나나가 쓰레기 처지가 돼서 버려지는 거지.

다행히 '미적 기준'에 부합해서 수출 선박에 실려 바다를 건너 우리나라에 무사히 도착해도 과정이 끝난 게 아니야. 마트에서 '심사'를 거쳐 통과해야 하지. 마트 신선 코너에 올라가서도 너무 익어 버렸거나 생채기가 났으면 판매대에서 곧바로 치워져 버려. 반값으로 할인해서 판매하는 곳도 있지만, 그렇게 해도 소비자들이 그 바나나를 사 가지 않으면 결국엔 폐기 처분돼.

마트에서 사 온 싱싱한 바나나는 집에서 어떤 대접을 받니? 몇 개는 그날에 먹지만, 대부분은 손질을 거쳐 냉장고로 들어가거나 상온에 며칠 방치되다가 날벌레가 꼬여 버려지게 되지. 이모도 지난주에 아침 식사 대신 먹으려고 바나나 한 송이를 사 왔는데, 서너 개 먹고 나니까 잘 안 먹게 되더라고. 결국엔 갈색으로 변하고, 시커멓게 변하더니 군데군데 물러져서 버리게 됐지 뭐야.

예전엔 이런 일이 있을 때 아깝다는 생각은 했지만, 내가 환경을 오염시키고 있다고는 생각하지 못했었거든. 그런데 환경 문제에 관심을 가지면서부터 그동안 별다른 마음의 불편함 없이 음식을 쓰레기봉투에 아무렇지 않게 버리고 있었다는 걸 깨닫게 됐어.

한 송이의 바나나가 나에게 오기까지, 수많은 바나나가 음식물 쓰레기가 되어서 버려지고 있다는 점에 대해 어떻게 생각해? 그렇게 매일, 생산·유통·소비 과정을 거치면서 전 세계에서 10억 5천만 톤의 음식물 쓰레기가 나오고 있어. 그게 어느 정도인지 감이 전혀 안 온다고? 쉽게 예를 들면, 10억 명이 모두 식사할 수 있는 분량의 음식물이 날마다 버려지고 있다는 뜻이야.

이번엔 우리나라로 시야를 좁혀 볼까? 국내에서 하루

동안 배출되는 음식물 쓰레기는 2만 톤이나 돼. 이게 어느 정도의 양이냐면, 북한 주민 전체(약 2500만 명)가 먹을 수 있는 최저 식량이 1만 톤 정도라고 하니까, 정말 어마어마한 양이라는 걸 알겠지? 한쪽에선 못 먹어서 굶어 죽는데, 다른 한쪽에선 그 2배에 달하는 먹거리를 쓰레기로 버리고 있는 상황이지. 우리가 버리는 음식물 쓰레기 양을 국민 1인당 버리는 양으로 계산하면 407그램[**]에 달하는데, 밥 한 공기에 200그램 정도니까, 전 국민이 매일 밥 두 공기씩을 고스란히 쓰레기로 버리고 있는 셈이야.

잠깐만, 그런데 말이야. 이모가 다른 나라의 통계를 살펴보다가 우리나라가 유독 1인당 음식물 쓰레기 배출량이 많은 걸 발견했어. 프랑스는 0.16킬로그램, 스웨덴은 0.086킬로그램인데 우리는 왜 이렇게 많은 걸까? 우리나라 사람들이 유독 음식을 더 많이 버리는 이유가 있을까?

곰곰이 생각해 보면, 먹거리 문화에서 이유를 찾을 수 있어. 푸짐하게 차려 먹는 걸 좋아하고, 반찬의 수도 많고, 탕이나 찌개 같은 국물류를 먹다 보니 음식물 쓰레기가 많이 생기는 것 같아. 모든 반찬과 국물까지 싹싹 다 먹는 경

---

[*] 유엔환경계획(UNEP), 〈음식물 쓰레기 지수 보고서〉(2024년).
[**] 한국환경연구원 〈식품 손실·폐기량 저감과 관리 정책 동향·입법 과제〉(2021년).

우가 많지 않잖아. 최근에는 먹방 동영상이 유튜브에서 인기를 끄는 것처럼 많이 먹는 것을 일종의 '자랑'으로 여기는 문화도 영향을 주는 것 같아. 실제로 먹방을 보면 식욕이 지나치게 자극돼서 무의식 중에 과식과 과소비로 이어진다는 연구 결과도 있어.

또한, 달라진 외식 문화도 하나의 원인일 수 있어. 국민 소득이 늘어나면서 특별한 날에만 외식하는 것이 아니라 자주 사 먹게 된 거지. 식당에서는 손님들에게 먹지도 않는 반찬을 제공하는 일이 많잖아. 손님 입장에서는 넉넉한 반찬 인심이 좋을 수 있지만, 지구 입장에서 생각해 보면 너무 아까운 자원 낭비일 뿐이지.

너, 진짜
쓰레기
맞아?

이모가 인스타그램으로 팔로잉하는 인플루언서 중에 맷 홈우드란 사람이 있어. KBS 환경스페셜 〈먹다 버릴 지구는 없다〉의 인터뷰를 인상 깊게 보고서 팔로우를 했는데, 덴마크에 사는 그 청년은 자신을 '도시 수확자'라고 소개해. 처음 듣는 직업이지?

그는 도시에서 농사를 짓는 게 아니고, 영업이 끝난 대형 마트나 프랜차이즈 식당에서 버린 폐기물 더미 사이에서 '멀쩡한 음식물'을 '수확'해. 쓰레기통을 뒤지면 거기엔 유통기한이 아직 지나지 않았지만 며칠 남지 않아서 버려진 상품들, 당일 판매 원칙 때문에 멀쩡한데도 버려진 상품들이 산더미처럼 쌓여 있어. 그의 인스타그램 피드를 보면서 정말 죄책감이 들더라고.

캐나다 배우이자 영화제작자인 그랜트 볼드윈은 멀쩡한데도 버려지는 음식들이 이렇게나 많다는 데에 큰 충격을 받고 아내와 함께 6개월 동안 버려지는 음식, 그러니까 음식물 쓰레기만으로 생활해 보는 챌린지를 했어. 결과는 어땠을까? 식재료 구입에 우리나라 돈으로 20만 원도 채 쓰지 않았다고 해. 오히려 음식이 너무 많아서 이웃들에게 나눠 줄 정도였지.

챌린지를 마친 이후로 부부의 생활은 이전과 조금 달라졌어. 어떻게? 소중한 음식을 낭비하지 않으려고 노력하는 삶으로 바뀌었대. 냉장고에는 "이것부터 먼저 먹어"라고 표시된 통을 갖다 놓았지. 그랬더니 식재료를 지나치게 많이 사는 걸 막을 수도 있었고, 자칫 먹을 시기를 놓쳐서 아깝게 버리는 일들이 줄어들었대.

지구 환경 문제에 관심이 있어서 육식 대신 채식을 선택한 사람들은 자연스럽게 음식물 쓰레기에 대해서도 관심을 가지게 돼. 최대한 음식물 쓰레기를 줄이려고 노력하지. 환경에 대한 걱정 때문에 채식을 실천하고 있는 비건 지향인 중의 한 사람에게 물어보니 "만약 어쩔 수 없이 고기만 준비돼 있고, 자기가 이걸 안 먹으면 쓰레기로 버려질 상황일 땐 차라리 먹겠다"라고 말하더라고. 왜냐하면 먹지 않은 이 고기를 폐기 처리하는 과정에서 지구가 더 오염되는 걸 걱정하기 때문이야. 음식물 쓰레기를 처리하는 과정에서도 에너지가 사용되고 온실가스가 배출되니까. 음식물 쓰레기가 나온다는 건 그 먹거리를 기르고, 가공하고, 포장하고, 운송하고, 세척하고, 냉장하는 데에 들어간 물과 에너지 등, 모든 자연을 낭비한다는 것과 같은 의미야.

환경에 관심 있는 청소년이라면 음식물 쓰레기를 사료, 비료, 바이오가스 같은 걸로 재활용한다는 이야기를 들어본 적이 있을 거야. 하지만 그건 일부일 뿐이야. 그리고 음식물 쓰레기를 처리하는 과정에서 연간 1791만 톤의 온실가스가 배출돼. 세계자연기금(WWF)*의 2021년 보고서를 보면, 음식물 쓰레기로 인한 온실가스가 전 세계 온실가스

✻ 세계자연기금(World Wide Fund for Nature)은 스위스에 국제 본부가 있는 세계 최대 규모의 국제 비정부 자연보전 기구로, 전 세계 100여 개국에 500만 명 이상의 회원들이 지구의 환경 보호와 멸종 위기 동물 보호를 위해 노력하고 있다.

생활 폐기물 대비 음식물 쓰레기 발생량

	2017년	2018년	2019년	2020년	2021년
생활 폐기물	53,490	56,035	57,961	61,766	62,178
음식물류 폐기물	15,903 (30%)	16,221 (29%)	15,999 (28%)	15,507 (25%)	14,885 (24%)

■ 생활 폐기물   ■ 음식물류 폐기물   단위: 톤/일

음식물 쓰레기는 주로 어디서 나올까?

전체 음식물 쓰레기 중 약 70퍼센트는 가정과 소형 음식점에서 발생하며, 대형 음식점에서 16퍼센트, 집단 급식소에서 10퍼센트, 유통 단계에서 4퍼센트가 발생한다.

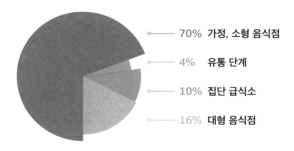

70% 가정, 소형 음식점

4% 유통 단계

10% 집단 급식소

16% 대형 음식점

자료: 한국환경공단

배출량의 약 8퍼센트를 차지한다고 되어 있어. 그러니까 음식물 쓰레기 양이 늘고 있다는 것은, 곧 탄소를 더 많이 배출하고 있다는 말이지.

고기 섭취를 줄이는 것도 정말 중요하고, 플라스틱을 덜 써서 환경 보호를 실천하는 것도 좋지만, 일상에서 음식물 쓰레기를 줄이는 것 역시 지금 우리에게 가장 필요하고 의미 있는 '기후 행동'일 거야.

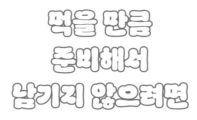

먹을 만큼 준비해서 남기지 않으려면

‘빈익빈부익부(貧益貧 富益富)’라는 말 들어 본 적 있어? 가난한 사람일수록 더욱 가난하게 되고 재산이 많은 사람일수록 더 큰 부자가 된다는 뜻이야. 이 지구에서도 이 말이 적용돼.

현재 전 세계에서 생산되는 곡물의 양은 세계 인구가 공평하게 나누면 현재의 인구를 먹이기에 충분한 양이야. 하지만 현실은? 전 세계 인구 10명 중 1명은 영양 결핍 상태에 놓여 굶주리고 있어. 어떤 아이들은 지금 이 순간에

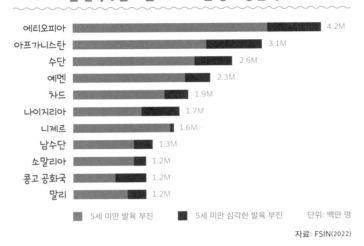

5세 미만 발육 부진 어린이가 100만 명 이상인 국가(2021년)

에티오피아	4.2M
아프가니스탄	3.1M
수단	2.6M
예멘	2.3M
차드	1.9M
나이지리아	1.7M
니제르	1.6M
남수단	1.3M
소말리아	1.2M
콩고 공화국	1.2M
말리	1.2M

■ 5세 미만 발육 부진   ■ 5세 미만 심각한 발육 부진   단위: 백만 명

자료: FSIN(2022)

도 제대로 먹지 못해서 고통 속에서 소중한 목숨을 잃고 있지.

영양이 결핍된 굶주림은 성인보다 어린이들에게 더 치명적이야. 어린아이들은 성장을 위해 더 많은 영양소가 필요하기 때문이지. 북한을 비롯한 라이베리아, 차드, 시에라리온, 콩고 공화국, 에티오피아, 남수단, 소말리아, 아프가니스탄 등의 나라는 고질적인 식량 부족 국가로 꼽혀.

어쩌면 나의 과잉 소비하는 식습관이 어떤 국가의 아이들에게 돌아가야 할 음식을 버리고 있는 건 아닐까, 저 아이를 굶주림으로 몰아가는 건 아닐까 반성하게 됐어. 지구의 땅은 한정돼 있고, 거기서 생산되는 식량도 정해져 있으니까 말이야. 멀쩡한 음식을 너무 많이 버려서 음식물 쓰레기 처리 문제로 골머리를 앓고 있는 이 현실이 부끄럽기도 했어. 현실을 알게 되면 음식물 쓰레기를 배출하는 것에 마음이 편하지 않을 거야.

누군가에게 돌아가야 할 음식들이 고스란히 버려지는 것을 막고, 올바르게 분배되기 위해서는 우리 각자가 지금보다 더 노력해야 해. 먼저, 국가와 사회 차원에서 음식물 쓰레기 발생을 줄이기 위해 시스템을 잘 만들어야겠지. 2015년에 프랑스 의회는 '음식물 쓰레기 금지법'을 통과시켰어. 이 법으로 프랑스에서는 400제곱미터 이상 면적의 슈퍼마켓이나 대형 마트에서는 유통기한이 얼마 남지 않은 멀쩡한 음식은 폐기 처분하면 안 되고, 자선단체나 저소득계층에 기부하는 것이 의무화되었어. 식품을 기부하면 세금을 깎아 주고, 이를 잘 안 지키면 벌금을 크게 매기지. 마트 입장에서는 음식물 쓰레기를 줄이게 되니 이익이고, 기부를 통해 기업 이미지까지 좋아져. 프랑스는 음식물 쓰레기를 절반으로 줄이겠다는 목표를 가지고 있어. 성과가 좋아서 유럽연합(EU)의 모든 회원국으로 점차 적용을 확대하겠다는 방향으로 가고 있지.

미국 뉴욕시도 2023년엔 '제로 웨이스트(Zero Waste)' 법안을 통과시켰어. 지금까지 음식물 쓰레기를 분리수거하지 않고 일반 쓰레기와 함께 버렸었는데, 앞으로 재활용 쓰레기를 분리배출해서 온실가스를 줄이겠다는 거야.✱

우리가 각자 소비자로서 실천할 수 있는 방법은 일단 꼭 필요한 양만 구입하는 거야. 물론 그것이 생각처럼 쉽지는 않아. 냉장고에 사둔 걸 잊고 있다가 나중에 보면 유통기한이 훌쩍 지나서 버린 적이 많잖아.

그런데 말이야, 유통기한과 소비기한이 다르다는 걸 알고 있니? 유통기한은 상품이 최적의 품질을 유지할 수 있는 기간을 말해. 그런데 유통기한이 지나도 먹는 데에는 문제가 없는 식품들이 많아. 소비기한은 식품을 적합한 조건에서 보관했을 때 먹어도 이상이 없는 기간을 말해.

우리나라도 2023년 1월 1일부터 소비기한 표시제가 시행되어서 몇몇 제품들에 적용되고 있어. 이미 유럽, 미국, 일본 등 경제협력개발기구(OECD) 주요 국가들이 식량 낭비를 줄이기 위해 소비기한 표시제를 운영하고 있지. 식품의약품안전처의 자료에 따르면 유통기한과 소비기한이

✱ '뉴욕, 뒤늦게 음식물 쓰레기 분리수거 의무화 기후 변화 대책', 〈SBS〉(2023년 6월 9일).

최소 일주일 정도에서 1년까지 차이가 나. 놀랍지 않니? 그동안 무심코 버린 많은 음식들이 떠오르지?

그러니까 우리, 유통기한이 지났다고 무작정 냉장고에 있는 걸 버리지 말자. 국제식품규격위원회는 2018년에 유통기한이 아닌 소비기한을 표시하라고 권고했어.✽ 유통기한 표시만 있는 게 소비자에게 오해를 불러일으킬 수 있기 때문이지. 멀쩡한 음식을 유통기한이 지났다고 그냥 막 버리는 일이 앞으로는 좀 줄었으면 좋겠어. 가까운 푸드 뱅크에 기부하는 방법을 찾아보는 것도 좋은 생각이야.

그것 말고도 개인이 할 수 있는 작은 실천 방안으로는 무엇이 있을까? 불필요한 것들을 사는 걸 막기 위해 공복에 장 보지 않기(출출한 상태로 장을 보면 이것저것 다 먹고 싶은 마음에 충동적으로 많이 구매할 수 있거든), 구매 물품 리스트를 작성해서 필요한 먹거리만 구입하기, 시들거나 갈변한 것, 흠집 난 농산물로 잼이나 소스를 만들거나 육수 만들기, 식품이 상하기 전에 냉장고에 보관하기(한 번 먹을 양만큼 소분해서 보관) 등의 실천법이 있어.

✽   국회는 2021년 7월 24일에 기존의 식품 유통기한 표시제를 소비기한 표시제로 변경하는 내용의 법률 개정안을 통과시켰다. 이에 따라 2023년부터 식품에 유통기한 대신 소비기한이 표시된다. 다만 우유와 우유 가공품에 대해서는 위생적인 관리와 냉장 보관 기준 개선이 필요해서 다른 품목보다 늦춰 2032년부터 시행하기로 정했다.

어때, 생각보다 어렵지 않지? 당장 오늘 저녁부터 배달 앱의 최소 주문 금액을 맞추기 위해 필요한 양보다 많이 주문하지 말고, 집에 있는 것들로 '냉장고 털기' 식단을 만들어 보는 게 어떨까?

오늘 저녁에 이모는 냉장고에서 시들어 가는 채소들을 몽땅 털어서 고슬고슬한 볶음밥을 만들어 먹어야겠어!

7장

더 이상은
안 돼!

[기후 악당]

팝스타 테일러 스위프트가 욕먹은 이유

세계적인 팝스타 테일러 스위프트를 아니? 콘서트를 여는 도시마다 지역 경제를 일으킨다고 해서 '스위프트노믹스*'란 신조어까지 만들어 낸, 엔터테인먼트업계에서 영향력이 가장 큰 '팝의 여왕'이야. 인스타그램 팔로워 수가 2억 8000명이나 되지. 그래서 입는 옷, 하는 말이 모두 영향을 미친다고 해.

✱   테일러 스위프트(Taylor Swift)와 경제학(Economics)을 합쳐 만든 말이다. 2023년의 공연으로 10억 달러(약 1조 4000억 원)를 넘는 기록적인 수익을 올렸다.

그 정도로 큰 사랑을 받는 그녀가 사람들의 큰 비난을 받는 일이 생겼어. 테일러 스위프트가 7개월 동안 자신의 전용기를 170번 이상 타면서 '전 세계에서 가장 많은 탄소를 배출한 셀러브리티' 1위로 뽑혔기 때문이야. 온실가스는 들어 봤지? 지구 온난화의 원인이 바로 온실가스고, 온실가스 문제의 가장 큰 부분(80퍼센트)을 차지하고 있는 게 바로 탄소잖아. 탄소를 과도하게 배출하면 환경을 해치고 지구온난화가 더 빨라지니까.

전 세계를 다니며 공연하기 때문에 팝스타가 전용기를 이용하는 건 어쩔 수 없는 일이지만, 그녀가 비난을 받은 건 나름의 이유가 있었어. 월드투어 도중 남자친구가 출전한 미국 프로 풋볼 수퍼볼 경기를 보러 참석하려고 전용기를 타거나, 남자 친구를 데려오기 위해 아무도 타지 않은 빈 전용기를 보내고, 심지어 고작 1.2킬로미터 거리를 이동하는 데 전용기를 탔다는 점이 논란의 이유였지. 그렇게 전용기에서 7개월 동안 내뿜은 이산화탄소의 양이 무려 8293톤이었거든. 한 사람이 연간 배출하는 평균 탄소 배출량의 1185배에 이르는 엄청난 양이야.

가수 측은 자신들이 실제 필요한 양의 2배에 달하는 탄소 배출권을 돈을 주고 샀다＊고 반박했지만, 대중의 실망은 쉽게 해소되지 않았어.※※ 그녀를 '기후 악당'이라고 비난하는 사람들은 여전히 용서하지 않고 있지.

※　탄소 배출권이란 일정 기간에 일정량의 온실가스를 배출할 수 있는 권리를 말한다. 지구 온난화를 막기 위한 기후 변화 협약에 따라 교토 의정서에서 '온실가스 배출권 거래 제도'가 도입되었다.

※※　'탄소 배출 1위 테일러 스위프트, 연인 보러 탄소 최악 전용기 띄워', 〈한겨레〉(2024년 2월 13일).

세계 2위
'기후 악당'으로
지목된 한국

'기후 악당'이라니, 무슨 소린가 싶지?

선량하고 정의로운 우리의 주인공을 괴롭히고, 못살게 하고, 심지어 생명을 해치려는 등장인물이 나오는 걸 본 적 있을 거야. 영화 〈어벤져스〉에서는 타노스가 최고의 빌런이지. 그가 손가락 하나만 까딱이면 지구에 사는 인구 중 절반이 사라져 버리니까, 최강 빌런 맞지?

그런데 영화 속에서만 빌런이 등장하는 게 아니야. 현실에서도 빌런은 있어. 영국의 기후 변화 전문 미디어인

〈클라이밋 홈 뉴스〉에서 4대 기후 빌런(climate villain)을 뽑았어.* 기후 위기를 극복하기 위해서는 전 세계적인 노력이 필요한 상황인데, 그걸 방해하고 있는 '악당'들인 거지.

그런데 그 4개의 국가 중에 우리나라가 '당당히' 포함돼 있어. 사우디아라비아, 오스트레일리아, 뉴질랜드와 함께. 정말 창피한 일이지? 그중 우리가 빌런 2위였다니까! 대표적 산유국인 사우디아라비아, 축산업이 발달한 오스트레일리아와 뉴질랜드는 환경오염의 원인이 대충 짐작이 되는데, 우리나라는 왜 포함됐을까?

한국이 기후 악당으로 지목된 이유는 1인당 온실가스 배출량의 가파른 증가 속도, 온실가스 감축 목표 폐기, 그리고 여전히 화력발전소에 투자하고 있다는 점 때문이야. 국제에너지기구(IEA)의 2017년 온실가스 통계 자료를 보면 한국은 화석 연료 연소를 통해 한 해에 6억 톤의 이산화탄소를 배출해서 세계 7위를 기록했어. 국민 1인당 배출량은 11.7톤이었지(2016년). 우리나라 온실가스 배출량은 사상 처음 7억 톤을 넘어서면서 경제협력개발기구(OECD) 회원국 중 5위를 기록해 적극적인 온실가스 감축 요구를 받

※ '한국, 2016 기후 악당 리스트의 맨 앞자리', 〈Climate Home News〉(2016년 11월 4일).

고 있어. 국제사회에서 경제적으로 '선진국'으로 인정받은 우리나라가 기후 변화-온실가스 감축 분야에 있어서는 '악당' 취급을 받고 있다는 사실, 정말 충격적이지 않니?

　다행히 우리나라가 가만히 있는 건 아니야. 정부에서도 탄소 중립의 중요성을 정책에 반영하고 있고, 기업들도 환경 이슈에 민감한 소비자들의 달라진 눈높이에 맞춰서 친환경 제품을 만들어 내고 있어.

　탄소 배출을 줄이기 위한 국가와 기업들의 노력에 관심을 가지면 한 번쯤 'RE100'이란 단어를 접하게 될 거야. RE100은 '재생 에너지(Renewable Electricity) 100퍼센트'의 줄임말로, 기업이 사용하는 전력량을 2050년까지 태양광과 풍력 같은 재생 에너지로 충당하겠다는 국제 캠페인이야. 세계적으로 애플, 구글, BMW 등 428개 기업이 자발적으로 참여하고 있지. 우리나라 기업은 아직 참여에 소극적이야. 여전히 40개도 안 돼. 윤리적인 비난은 물론이고 수출 경쟁력과 연관이 있는데도 아직 저조한 수준이지. 벌써부터 글로벌 기업들이 납품 거래 조건으로 RE100을 요구하면서 계약이 무산되거나 수출이 막히는 일이 생겨나고 있어. 이젠 피할 수 없는 '무역 장벽'처럼 되고 있는데, 이 기준에 맞추려면 우리나라는 아직 갈 길이 멀지.

기후 위기를
막기 위해
행동하는 10대

정부와 기업들만 기후 악당일까? 온실가스를 펑펑 내뿜으면서 그에 맞는 책임과 의무는 지지 않아 악당이라면, 그러면 개인은?

이모 친구가 말하길, "난 절대로 악당이 아니야"라고 확신하는 사람일수록 그가 악당일 가능성이 높대. 이 말은 자신을 돌아보고, 성찰하고, 부족한 부분을 조금씩 나아지는 방향으로 바꾸려고 노력하지 않으면 누구든 순식간에 빌런이 될 수 있다는 '경고'가 아닐까?

기후 위기 시대에 살고 있는 우리는 까딱하면 악당이 되기 쉬워. 모르는 것도, 관심을 갖지 않는 것도, 회피하는 것도 기후 악당이 되는 길이야. 무관심도 유죄인 거지. 하루 종일 학교와 학원에 매어 있는 청소년이라고 해서 아무 것도 행동할 수 없는 건 아니야. 현재 '환경 인플루언서'로 활동 중인 홍다경 씨 이야기를 해 줄게.

홍다경 씨는 고등학생 때 반찬으로 나온 스마일 감자가 남아서 쓰레기통으로 버려지는 걸 보고 큰 충격을 받았대. 여기까지는 '그럴 수 있겠다' 싶지? 그런데 홍다경 씨는 가만히 있지 않고 행동을 했어. 잔반을 무조건 폐기해야 하는 법안이 이해가 되지 않는다며 교육감에게 문제를 제기하는 이메일을 계속해서 보낸 거야.

그러고 나서 무슨 일이 생겼을까? 당장은 아무 일도 일어나지 않았어. 하지만 얼마간의 시간이 지나고 나서 교육청은 잔반을 남기지 않으면 아프리카 아이들에게 1개당 1000원씩 기부되는 쿠폰제를 시행했지. 홍다경 씨의 행동이 정책에 좋은 영향력을 끼친 거야.✷

이모가 찾아보니까 또 이런 일도 있었어. 2019년, 전남

✷   《쓰레기 산에서 춤을!》, 홍다경, 풀빛.

광양의 한 초등학교에서 6학년 학생 12명이 교육감 앞으로 환경과 지구를 위해서 일주일에 한 번씩 채식 급식을 요청하는 편지를 보냈대. 이후로 학교 구성원들의 동의를 거쳐 지금까지 일주일에 한 번씩 채식 급식이 이뤄지고 있지. 이모가 이 글을 쓰고 있는 날의 급식 식단표를 보니까 채식 급식 메뉴로 '현미 찹쌀밥, 무청 시래기 들깨 된장국, 해시브라운, 달걀말이, 오이 무침, 우엉 잡채, 김치, 토마토'로 되어 있어. 영양 교사 선생님은 "잡채에 우엉을 넣어서 고기와 비슷한 식감을 살렸는데, 학생들이 다들 맛있게 먹어서 뿌듯했다"라고 말씀하시더라.

2020년 5월엔 학생과 학부모, 교사들이 "학교 급식에 채식 식단을 보장해 달라"며 헌법 소원을 냈어. 이 같은 목소리가 한 번에 받아들여지지는 못했지만 인권위는 비건 학생들이 채식 식단을 보장받을 수 있도록 급식 체계를 개선해야 한다는 의견을 교육부 장관에게 전달했지.

어때? 개인의 행동이 '계란으로 바위 치기'같이 무모하고 헛된 것처럼 보이지만, 그런 노력들이 쌓이니까 중요한 변화를 이끌어 내기도 하지? "이거 문제가 있어요!"라고 주장하면서 던져진 계란으로 바위가 뒤덮인 모습을 보고 사람들은 "뭔가 문제가 있다고 생각하는 사람들이 이렇게

나 많구나!" 하면서 한 번쯤 다른 시선으로 지금의 상황을 바라보게 되는 거야. 작은 목소리일지라도 여럿이 함께 같은 소리를 내면 변화는 반드시 생기더라고.

오늘 급식, 채식 데이라고?

고기반찬이 중심이 된 우리나라의 급식과 다르게 해외 여러 학교들은 점점 더 채식을 확대하는 쪽으로 바뀌고 있어. 일주일 중 단 하루만이라도 지구를 지키는 녹색 습관을 실천해 보자는 움직임인 거지.

미국 존스홉킨스대학교의 연구 결과에 따르면, 한 사람이 일주일에 한 번 채식을 먹을 때 1년에 약 15그루의 나무를 심는 효과가 있고, 공장식 축산에서 발생하는 이산화탄소를 감소시킬 수 있으며, 가축이 사용하는 물을 감축시킬 수 있기 때문에 1인당 연간 물 13만 2400리터를 절약할 수 있대.

채식 기본권(선택권)은 다른 나라에서도 이슈야. 프랑스는 유치원부터 고등학교까지 모든 공립학교에서 일주일에 하루는 채식 급식을 하도록 법으로 정했어. 2019년 11월부터 유치원과 초·중·고등학교에 일주일 중에 한 번은 채식 급식을 의무화했지.

미국 뉴욕시는 매주 금요일을 '비건 프라이데이(Vegan Friday)'로 정해 100만 명이 넘는 공립학교 학생들이 비건 식사를 하고 있어. 뉴욕시 교육부 대변인 제나 라일은 "따뜻한 비건 식사 외에도 땅콩버터 젤리 샌드위치, 후무스, 프레즐과 같은 차가운 식물성 옵션이 매일 제공되며 우유, 치즈 샌드위치, 콩 부리토와 같은 가벼운 유제품을 선택할 수도 있다"라고 덧붙였지.

캘리포니아와 뉴욕 주는 병원에서의 비건 선택권을 보장하는 법안을 통과시켰고, 이스라엘과 캐나다는 군대에서의 비건식 제공이 법적 의무화되었어. 포르투갈에서는 공공급식에서 모든 일일 메뉴에 채식 옵션을 두어야 하고, 채식 식단은 영양소를 충분히 갖추어야 한다는 내용을 담은 법안이 2017년에 국회를 통과했지.

이렇게 청소년과 어른들이 힘을 합쳐 '우리가 할 수 있는 것'들을 바꾸어 가고 있어.

하지만 좋은 의도로 시작했어도 결과가 항상 기대한 만큼 나타나지는 않는 것 같아. 언젠가 인터넷에서 한 신문 기사를 보고 깜짝 놀란 적이 있어. 학교에서 한 달에 하루를 채식데이로 정했더니 평소보다 잔반이 20~30퍼센트나 더 나와서 골칫거리라는 거야. 채식데이가 아니라 '잔반데이'라는 오명까지 얻었대. 아이들이 채식 급식이 나오는 날엔 아예 먹지 않거나 맛이 없다고 버린다는 거지.

학생들의 반응이 안 좋아서일까, 주 1회 채식 급식을 실천하는 학교도 있지만, 채식 급식을 아예 하지 않는 학교도 많고, 채식의 날을 실행했다가 중단하거나, 횟수를 줄이는 학교도 많대.

급식을 만드는 선생님들에게 확인해 보니까 채식 급식을 준비하는 게 기존 급식을 준비하는 것보다 훨씬 더 힘이 든다 하더라고. 이모가 이 책을 쓰기 위해서 취재한 영양사 선생님들도 "채식 급식을 하려면 훨씬 재료 손질에 시간과 노력이 들고, 메뉴 개발에도 노력을 기울여야 한다"고 어려움을 토로하셨어. 오늘은 채식 급식이라고 공지하면, '먹을 게 없다' '맛없는 메뉴만 나온다'라고 선입견을 가지기 때문에, 훨씬 더 신경을 쓴다더라고. 아직은 채식 식단을 시작한 지 얼마 안 된 초기라서 맛도 좋고 영양적으로도 균형 잡힌 다양한 채식 메뉴를 열심히 개발하고 있으시대.

그리고 맛도 맛이지만, 채식이 얼마나 유익한지 청소년들이 아직 잘 몰라서 채식 급식을 준비하는 게 더 어렵다는 말씀도 하셨어. 이 책을 읽은 친구들은 채식의 의미를 다른 친구들보다 조금 더 알게 됐으니까, '앞으로 채식 급식이 나오면 전과는 좀 다르게 대하지 않을까?' 하는 기대감을 갖게 되네.

채식을 선택하느냐, 선택하지 않느냐보다 중요한 건 각자의 '선택'이 '존중'받아야 한다는 거야. 앞서 살펴본 것처럼 비건이나 비건 지향에는 나름의 이유들이 있거든. 다행히 최근엔 비건 식단을 선택(매일이든, 가끔이든)하는 사람들을 바라보는 시선이 조금은 유연해진 것 같아.

음식을 바꾸는 것은 개인이나 사회적으로, 그리고 국제적으로도 큰 의미가 있어. 그렇기 때문에 앞으로는 더욱 자신의 입으로 들어가는 것들이 어디서 어떻게 생산된 것인지 잘 알고, 스스로 나에게 맞는 선택을 할 수 있어야 한다고 생각해. '무엇을 먹느냐'의 선택에 따라 하나뿐인 나

의 건강과 우리의 지구가 얼마나 큰 영향을 받는지를 미래
세대인 청소년은 그 누구보다 '알 권리'가 있으니까!

채식이 10배 더 쉬워지는 비법 소스,
바질페스토 레시피를 소개할게!

파스타, 샌드위치에 잘 어울려

〈준비물〉

견과류   마늘   바질   올리브유   레몬즙
1/4컵   2쪽   2컵   1/2컵   1큰술(선택)

모든 재료를 믹서기에 넣고 걸쭉해질 때까지
갈아 주면 바질페스토 완성!

이렇게 쉽다고?
당장 해 먹어야지!!

エピローグ

어느 청소년과의 대화

이모가 처음으로 청소년들을 위해 쓴 책《언론 쫌 아는 10대》가 세상에 나오고 나서 1년쯤 지난 어느 날, 이메일 하나가 왔어. 창원에 사는 고등학교 3학년 학생이 인터뷰를 하고 싶다는 거야. 그 책이 적성을 찾고 진로를 정하는 데에 도움이 됐다면서 말이야.

학생은 기자가 꿈인데, 뭘 하면 좋을지 진지하게 물었어. 기자는 어떻게 되는 거고, 가장 보람 있었던 순간이 언제였냐고도 묻더라. 나는 내가 아는 선에서 답변해 주었지. 그리고 나도 궁금한 것을 물어봤어. 요즘 기후 식사와 비건을 주제로 책을 쓰고 있다고 설명하곤 몇 가지 질문을 했지. 학생은 고맙게도 자신은 물론 주변 친구들의 의견을 모아서 알려 줬어.

🗨 채식을 실제로 해 본 적 있어요?

학생 '채식의 날'과 같은 특별한 날에 이벤트로 영양사 선생님이 채식 식단으로 급식을 준비해 주시는 것 말고는, 일부러 찾아서 먹어 본 적은 없어요.

🗨 10대들은 채식에 얼마나 관심이 있나요?

학생 저 포함 우리 반 친구 5명에게 물어봤는데, 2명은 시도해 봤다가 현실적으로 실천하는 게 어려워서 금방 그만뒀다 하고요, 나머지 3명은 채식할 생각이 딱히 없다, 생각만 해 봤다, 우리 사회가 채식하기에 친화적이지 않다고 생각해서 시작하지 않았다고 답을 했어요.

이 학생뿐 아니라, 이모는 이 글을 쓰는 몇 개월 동안 만났던 거의 모든 사람들에게 "채식에 대해서 어떻게 생각하냐?"고 의견을 물었어. 기후 식사의 개념과 채식에 대해서 이야기를 꺼내자마자 인상을 쓰는 사람도 있더라. 채식주의자들을 예민하거나 유난스럽다고 바라보는 편견도 생각보다 더 뿌리 깊더라고.

이모는 이 글을 쓰는 동안 앞서 말했던 대로 일주일에

하루씩 채식을 했어. 평일에는 잘 지키지 못할 것 같아서 약속이 거의 없는 일요일로 정했는데, 갑자기 누굴 만나서 외식해야 하는 날엔 어쩔 수 없이 고기가 들어간 음식을 먹은 적도 몇 번 있어. "나, 오늘 채식 식단하니까 다른 거 먹자"라고 말하기가 쉽지 않더라고. 대신에 고기를 구워 먹는 식당만큼은 좀 피하려고 노력했던 것 같아. 덕분에 일주일에 딱 하루 실천하는 채식조차도 만만하지가 않다는 걸 경험하게 되었지.

그 몇 달간의 실천으로 이모가 어떻게 달라졌는지 아니? 살이 쏙 빠졌거나, 식재료비가 반으로 줄었을까? 아니, 사실 몸무게나 경제적인 변화는 거의 차이가 없었어. 많이 실망했니?

그런데 말이야, 나 스스로는 크게 달라졌다고 생각해. 먹거리를 앞에 두고서 한 번씩 생각해 보게 됐거든. '고기를 먹을까, 말까' '가죽 재킷을 살까, 말까' '음식을 버릴까, 말까' 이렇게 고민하고, 더 좋은 쪽으로 결정하려고 노력해 보는 게 귀찮지 않고 기분 좋더라고.

우리 삶에서 중요한 문제들은 가만히 생각해 보면 정답이 한 가지가 아닌 것 같아. 반드시 "육식은 나쁘고 채식이 옳다"는 게 아니야. 이러한 이분법적인 사고는 세상을 편협하게 바라보게 만들어. 채식이 무조건 다 환경에 좋은가, 하면 꼭 그런 것도 아니거든. 가령, 아보카도는 열대우림을 파괴시키고 물을 엄청 소모하는 악명 높은 작물이고, 커피도 마찬가지로 환경 파괴 논란에서 자유로울 수 없어.

지구의 입장에서 봤을 때, 우리 인간이 완전히 무해(無害)한 하루를 산다는 건 어쩌면 불가능한 일이야. 그저 우리가 지구를 위해서, 그리고 내 기준에 맞춰서, 내가 할 수 있는 그날그날의 작은 실천을 해 나가면 되는 거야. 비건을 처음부터 비장한 각오로 실천하는 것보다, '이왕이면' 고기 말고, '이왕이면' 쓰레기를 덜 남기고, '이왕이면' 탄소 배출을 줄이는 쪽을 선택하자는 생각을 가질 때 더 오래 지속할 수 있을 것 같아. 이모는 그렇게 결심하고 가볍게 시작했어. 내가 할 수 있는 선에서 하나씩, 한 걸음씩. '이왕이면' 정신으로!

어제는 버스 정류장 근처에서 환경 보호 피켓을 들고 있는 어린아이들을 봤어. 함께 실천했으면 하는 것들을 삐뚤빼뚤한 글씨로 적어서 만든 피켓이었지. "플라스틱 사용을 줄이자", "재활용을 해요" 이런 것도 있지만 "고기를 줄여요"라고 적은 피켓에 눈길이 더 오래 가더라. 그걸 들고 서 있는 소년의 얼굴을 다시 한번 보게 되더라고. 그 맛있는 고기를 지구를 위해서 줄여 보자는 그 의젓한 표정이 정말 대견하면서도 어른들이 함부로 사용해서 아픈 지구를 아이들에게 물려줬다는 사실에 미안했고.

이 책을 쓰느라 다양한 기사와 영상들을 찾아보다가 특별히 울컥한 순간이 있었어. 환경 집회에 참가한 청소년들이 스스로를 가리켜 '멸종 위기종'이라고 말할 때였지. 지금 추세라면 2030년엔 지구 온도가 평균 1.5도 이상 올라 위기를 겪을 거라고 수많은 과학적 지표가 경고하고 있어. 맞아, 어쩌면 이미 그 미래가 시작되었는지도 몰라. 하지만 이 글을 읽고 고민하기 시작한 우리가 지금이라도 조금씩 다른 선택을 한다면, 그저 두고 보고 있지만 않는다면 경고는 현실이 될 수 없을 거야. 인류가 살아남기 힘든 운명에 처한 미래를 그린 영화 〈인터스텔라〉에 나온 주인공의 대사를 마지막으로 말해 주고 싶어.

"우린 답을 찾을 것이다, 늘 그랬듯이."
We will find a way, we always have.

자, 이제 책을 덮고 오늘 우리에게 허락된 하루에서 답을 찾아보자.

시민들은 모두 다회용기와 텀블러컵은 다 들고 다녀서
테이크아웃 쓰레기도 안 나오고, 음식점에서 음식물 쓰레기도 안 나오는 삶.

이제 매번 일회용 용기
안 사도 되니 좋다!

여기에 주세요!

남기면 음쓰되니까
용기에 싸가야지!

채소 성형 같은 것도 하지 않아서 비닐 쓰레기가 나오지 않고
스티로폼이나 별다른 포장 없이 판매되는 과일들.

못난이 채소도 맛만
있는데 뭐~

이미 해외의 여러 국가에서
과일 포장을 금지하고 있는 추세

이런 세상에 살면
너무 좋을 것 같아!

이렇게 살면 너무 좋을 것 같아!

[자료]

채식과 환경, 동물권에 대해 더 알고 싶다면

도서

《축소주의자가 되기로 했다》 이보람, 카멜북스
《채식하는 이유》 황윤 외 공저, 나무를심는사람들
《육식의 종말》 제러미 리프킨, 시공사
《동물 기계》 루스 해리슨, 에이도스
《고기로 태어나서》 한승태, 시대의창
《미완성 채식도 괜찮아》 후카모리 후미코, iN
《탄소로운 식탁》 윤지로, 세종
《고기가 아니라 생명입니다》 황주영·안백린, 들녘
《아무튼, 비건》 김한민, 위고
《인류를 식량 위기에서 구할 음식의 모험가들》 아만다 리틀, 세종
《고기에 대한 명상》 벤저민 A. 워개프트, 돌베개
《미래가 우리 손을 떠나기 전에》 나오미 클라인 외 공저, 열린책들
《나는 풍요로웠고, 지구는 달라졌다》 호프 자런, 김영사
《나는 선량한 기후파괴자입니다》 토마스 브루더만, 동녘

영상

영화 〈옥자〉 봉준호
다큐멘터리 〈카우스피라시〉 킵 안데르센·키간 쿤
영화·다큐멘터리 〈제인 구달〉
다큐멘터리 〈육식의 반란〉 전주MBC
다큐멘터리 〈먹다 버릴 지구는 없다〉 KBS

알고십대 08

가끔은, 비건

7가지 키워드로 들여다보는 지구를 위한 기후 식사

초판 1쇄 인쇄 2025년 1월 10일
초판 1쇄 발행 2025년 1월 15일

지은이 정민지
그린이 민디

펴낸이 홍석
이사 홍성우
인문편집부장 박월
편집 박주혜·조준태
디자인 북다이브
마케팅 이송희·김민경
제작 홍보람
관리 최우리·정원경·조영행

펴낸곳 도서출판 풀빛
등록 1979년 3월 6일 제2021-000055호
주소 07547 서울시 강서구 양천로 583, 우림블루나인 A동 21층 2110호
전화 02-363-5995(영업), 02-364-0844(편집)
팩스 070-4275-0445
홈페이지 www.pulbit.co.kr
전자우편 inmun@pulbit.co.kr

ISBN 979 -11 - 6172 - 984-8 44300
　　　　979 -11 - 6172 - 842-1 (세트)